竹慶本樂仁波切
Dzogchen Ponlop 著

哲也 譯

好好鬧情緒

三步驟解脫負面情緒，把「好煩人」
化為「好能量」的日常修練

Emotional Rescue

How to Work with Your Emotions to Transform Hurt
and Confusion into Energy that Empowers You

獻給Ava和Aya

你們日日綻放的喜悅與笑顏

療癒一切情緒於剎那之間

Emotional Rescue

好鬧情緒

目錄

日常修練篇

進階練習篇

探索情緒篇

從美國到台灣，看見情緒的能量

　　所有的現象總是相依而存的，所以這本書也不是我一個人的作品。因此我首先要感謝讓我生起情緒的所有對境，因為有它們，我才能學習到些許情緒的智慧。另外，如果沒有上師們的慈悲，這本書中所說的智慧，就無法照亮我迷惑的心，而在這麼多位上師之中，最重要的是我真實不虛的善知識：堪布竹清嘉措仁波切。

　　儘管當今世代東西方文化交融，許多方面已經是個無國界的時代了，我在台灣嚐到了道地的印度薄餅，在巴黎喝到了最甘美的陳年普洱茶；但是說起情緒的表達，我們卻仍然可以感覺到東西方社會極大的差異。

　　舉例來說，工作會議中與他人意見相左，西方人可能據

理力爭、以各種方式捍衛己見，而東方人卻極可能為了避免面紅耳赤，而選擇妥協，隱忍或壓抑自己的各種情緒。

過去，我在許多西方的組織機構，特別是那瀾陀菩提中心（Nalandabodhi），以及智慧寶藏的閉關課程，分享東方智慧傳承中的修習體驗，期許人們在西方文化中能有機會看見情緒的能量，幫助生命走向開闊且壯美、良善且平和的境地。這些分享結集成《Emotional Rescue》一書，2016年春季，由美國企鵝藍燈書屋出版社出版，隨後我得知：有一些讀者自發地組成了小型讀書會或類似工作坊的團體，使得這本書當中的情緒習作延伸進入許多社區角落，來自各種年齡層、各種社會背景的回饋與討論不斷，這樣的現象令我極為歡喜。

2016年冬天，《Emotional Rescue》中文版書名定為《好好鬧情緒》，由天下雜誌在台灣出版，我很期待自認為對佛陀智慧並不陌生、對於情緒卻很隱晦的東方社會，讀者會如何閱讀、使用這本書。

本書能夠集結出版，要感謝我的摯友──無比耐心的編輯辛蒂・雪爾頓（Cindy Shelton），也要感謝一直以來擔任她極佳幫手的許多那瀾陀菩提中心學員，尤其是西西・米勒（Ceci Miller），也要感謝希拉・柯里・奧克斯（Sheila Curry Oakes）校閱了最初的手稿，並提供了寶貴的意見。還

有我的經紀人威廉・克拉克（William Clark）優秀的表現，以及企鵝藍燈書屋總編輯莎拉・卡德（Sara Carder）在出版過程上的協助。

　　中文出版方面，則要特別感謝天下雜誌出版創意總監蕭錦綿，以及譯者哲也，這個編輯團隊是繼前一本書《叛逆的佛陀》之後我們再度合作，我深深感謝在這本書成形過程中付出努力、貢獻心血的每一位，但願這本書能夠利益到許許多多人。

竹慶本樂仁波切

二〇一六年七月

探索情緒，發現真正的自己

　　那是個美麗的秋日，我走出哲學課的課堂，在回家的路上，滿腦子都是課堂上「三段論法」的論證，例如：快樂與痛苦都是心所創造出來的，只是心的投射……等等大道理。回到家，一進門，我很驚訝的發現，一位過往和我相處不甚愉快的叔叔正坐在我房間裡，等著告訴我，我的父親在前往不丹做生意的途中過世了。

　　這件事發生的時間，恰好是在當年我的一位老師，也是我生命中最重要的人物，離世一週年的時候，剎那之間，我那看來天衣無縫的、美好的、以三段論法支撐的「苦樂無別」的理論，頓時消失無蹤，我腦中沒有念頭，沒有智慧，只有震驚。慢慢的，無法避免的，痛苦的感覺從我心底和身

體深處漫延開來。這痛苦,和我原先對「痛苦」的那些理論性了解,尤其是「痛苦並不存在」的理論,完全沒有交集之處。這痛苦,以及隨之而來的強烈、鮮明的情緒,推動著我,讓我步上了探索情緒的終生旅程。

我父親出生在西藏東部的康區,一處叫做里唐的地方。康區常被人們說成是蠻夷之地,像是美國拓荒時期的「大西部」的地方。康區的人,也就是所謂的康巴人,總以他們驍勇善戰的勇士傳統自豪,西藏人常說:「別惹康巴人」。父親事實上是在西藏中西部的地區長大的,但他的父母把他當康巴小孩養育,小小年紀,他就顯露出康巴戰士傳統的特徵:總是無所畏懼、勇氣十足,卻有一副善良的好心腸。

父親後來擔任尊勝的十六世大寶法王的秘書長,等於是在法王所領導的、這具有八百年歷史的心靈修持機構中,出任最高行政首長。身為一位康巴人,父親一向喜愛收集刀劍和槍枝,而那純粹是出於對戰士精神的藝術愛好,他很喜歡那些勇士、戰士的故事,我還是個小男孩的時候,他經常說那些故事給我聽。

由於秘書長這個職位的影響力和敏感性,據我所知,父親收到好幾次恐嚇和生命威脅,因此理所當然得到了槍枝持有許可。但在我眼中,這些武器所代表的,根本就只是他對童年時期和家族傳統中那戰士精神的一份情懷。就像一般父

子有許多快樂的相處時光一樣，每回他帶我到山裡練習打靶，總是一段快樂的時光。

奇怪的是，就在父親出發前往不丹出差之前，他帶著我一起清理那些槍枝，教我怎麼把槍拆開來再裝回去。我們共享了一個美好的下午，而後就在他出門前，不知為什麼，他把所有的槍都交給了我。

「現在起，就交給你負責了。如果你是個好兒子，就好好照顧它們。」他說。

「當然，我會的。」我說。

父親死後，關於他死因的各種流言甚囂塵上。由於位居國際宗教組織的高階主管，他的死究竟單純是個意外或其中另有陰謀，難免引人諸多揣測。我那時才十七歲，一個深愛父親的孩子，卻要獨自面對這麼多念頭，這麼多情緒，還有這麼多槍。

俗話說禍不單行，父親過世不久，母親也病倒了，將近一年時間臥病在床，我一邊和家人照顧媽媽，一邊還得處理父親工作上的一些後續問題。在那段時期，儘管弟弟幫了很大的忙，減輕了許多負擔，但在某些時刻，我發現自己像是站在十字路口，好幾股狂野的情緒把我扯向四面八方，像要把我撕開一樣。

我多喜歡待在學校啊，在學校和同學一起讀書、學

習⋯⋯是我最喜歡的事，但在這時，我卻得挑起照顧家裡的諸多重擔，這一切壓得我喘不過氣來。我打從心底羨慕著身邊那些同學，他們什麼都不用管，什麼責任都沒有，可以全心投入學業。

學校的課程表排得很扎實，非常有挑戰性，也非常引人入勝。每天從早上四點開始第一堂課，直到晚上，中間沒有多少休息時間。老師都是頂尖陣容，要求非常嚴格。儘管當時的我仍然繼續努力學習著，但其實已經忘卻自己這麼努力是為什麼了，生活的壓力幾乎讓我放棄學業，拋棄心靈的追求。這一切努力，到後來其實只為了尋求一個答案：如何能找到方法解除內心的不滿，那感覺讓我徹夜不斷研讀著、憂慮著。

就在這時候，我遇見一位日後對我一生造成最大影響的人，一位佛法導師，真正的善知識。他的出現和指引幫助了我，讓我終於有辦法對付自己那些飛馳狂奔的情緒和念頭。和這位老師所建立的友誼，對我造成立即可見的影響，在他的指導下，我終於知道應該怎麼做了。我終於有足夠的勇氣走上「慈悲」這條道路，把「復仇戰士」的路線拋在腦後。後來畢業時我竟然還是全班第一名，到現在我仍覺得匪夷所思。最後，我終於了解所有這一切念頭、情緒、人生、心靈的追求⋯⋯所有這些大事都只發生在我小小的內心之中，而

當我發現情緒在人生的戲碼中扮演了多麼吃重的角色後，我開始潛入自心的更深處，盡我所能的找出關於這些能量的一切真相。

我知道對付情緒的方法很多，但我需要的是真正能夠對整個人生起作用的方法，真正能改變人生的方法，我必須要能夠把自己看清楚，我必須去感受那些觸動著我、日日把我的世界妝點得五彩繽紛的種種情緒。我發現在生活中，只要回到當下，就有機會去探索這一大堆迷惑和痛苦中的自己，到底是怎麼回事，也有機會找出超越這一大堆迷惑和痛苦之後的自己，到底廬山真面目為何。

當然，對付情緒還有另外一種方法，那就是避免直接面對自己的體驗，先窩到一個暫時不受波及的棲身之處，雖然那兒不怎麼能安頓心靈，也得不到什麼啟發，但生而為人，我們似乎總想兩者兼得，一方面嚮往冒險，喜歡真實有意義的事物，一方面又想舒服一點，想在海灘上找個好地點，躺下來喝杯啤酒。

您手上這本書的內容，源自於我在佛法道路上的親身體驗。寫作這本書的目的，是希望介紹一些對付情緒的方法，讓我們能夠慢慢的，一步一步的，從被情緒挾持的人質，變成情緒的好友，最後進而成為和這股奧妙能量共舞的創意夥伴。這些方法，或許你在佛經（也就是佛陀講述的話語，佛

法的主體）中找不到出處，但我相信佛陀應該一眼就能看出其中哪些是出自他的教導。（幸好佛陀對於他的智慧財產權一向毫不吝嗇。）

這本書所呈現的是我多年來所學習的、所教導的，以及我在學生和當今世上各種信仰、文化的人們身上所學習到的智慧。共同居住在這現代社會的人們，身上都閃現著良善、聰慧、悲憫的特質，但也都同樣的為自己的痛苦而煩惱著、奮戰著。不幸的是，對於痛苦，並沒有一體適用的解決方案，我們每個人都是獨一無二、生活環境截然不同的個體；但幸運的是，每個人內在都有相同的力量，足以採取行動去超越痛苦和情緒的折磨，展開探索，因而發現真正的自己！不管你是誰，不管你從哪裡開始，你都值得享用這發現所帶來的真實的快樂！

我生來就是個佛教徒，可以說從來沒有改變過，我的家族世世代代都是佛教徒，我過去所居住的也是佛教國家——印度和不丹，並且有幸在當代許多位偉大的上師座下學習。但另一方面，我和任何人一樣，之所以被稱為佛教徒，是因為我們追尋佛法之道的真正意義和目標。但是離這真諦和目標越近，「標籤」似乎就越少，不管是「佛教」、「佛教徒」或其他各種標籤，似乎都越來越派不上用場，也越來越不需要。

也許我可以稱呼自己是「在情緒的戲法中倖存的幸運兒」，情緒的智慧解救了我，但事實是：在這喜樂的智慧旅程中，我還在尋找自己的方向，靠著朋友幫點忙[1]，繼續向前走。

竹慶本樂仁波切[2]
寫於西雅圖

1　譯註：靠著朋友幫點忙（With a little help from my friends）是披頭四樂團的一首歌。
2　原註：竹慶本樂仁波切出生時，即被尊勝的第十六世大寶法王嘉華噶瑪巴認證他是竹慶本樂轉世傳承的第七世轉世，並授予仁波切、傳承持有者的稱號。

日常修練篇

情緒其實和你想的不一樣。
如果你真正了解「情緒」，會發現它是生命中最具創造力的能量，
你就不想一再淪為它的手下敗將，
而願意從日常的情緒中，練習怎麼樣「好好鬧情緒」。

1

情緒到底是怎麼一回事？

做你自己吧，別人都有人當了。
——王爾德（英國作家）
Be yourself. Everyone else is already taken.
—— Oscar Wilde

　　沒有了情緒，人生會變成什麼樣子？無聊透頂，像瓶沒氣的汽水？少了那些嘶嘶作響、讓人興奮的氣泡，大概沒人想把這瓶叫做「人生」的飲料喝下去吧？

　　情緒為人生帶來活力、能量，和五彩繽紛、多采多姿的面貌，但也總是迷惑著我們，讓我們花了大把時間在情緒的波動中暈頭轉向。情緒一會兒把我們推上喜樂的巔峰，一會兒又讓我們跌入絕望、迷亂的谷底，我們就這樣在兩者之間起起伏伏。

　　情緒推動著我們，把我們推去結婚，或是推去殺人（不幸的是，有時候這兩件事的對象竟然是同一個人）。我們每天都排隊等著坐上「情緒」這輛雲霄飛車，隨它擺佈，一下

子神魂顛倒，一下子又被整得天翻地覆。

　　這些變幻莫測的感受到底是什麼呢？為什麼它們能控制我們？而不是我們控制它們？

　　同樣的問題，不同的人會給你不同的答案。科學家、藝術家、牧師或心理治療師，或是你愛恨情仇的「直接受益人」：家人和敵友，所給的答案各各不同。亞洲有句諺語說：「善用是藥，濫用是毒。」情緒就是這樣的東西，如果我們學會如何有技巧的善用情緒，情緒就是一帖內含高妙智慧的良藥，但少了這份知識，情緒就像毒藥，它能傷人，造成重創與劇烈的痛苦。

　　每當我們受到情緒的魔法擺佈時，我們就像生病一般，渾身不適、高燒不退，但卻無計可施，只能任它發作，除非，我們決定進行治療。

　　一個人如果懂得怎麼治好自己的病，大可採取行動，一步步治好自己，結束痛苦。但如果不知道該怎麼辦，一昧的胡亂服藥，只會讓自己病得更重而已。

　　同樣的，如果你了解自己的情緒，知道這情緒之所以折磨你的癥結何在，那你就有辦法駕馭情緒的強烈能量，開始療癒自己，平息痛苦。

　　然而，想要真的療癒情緒之苦的話，我們必須超越教科書上描述情緒的那些白紙黑字；只知道情緒的分門別類、數

量多少是不夠的。如果我們把自以為所知的一切暫且拋開，以一種清新的眼光直視自己憤怒、慾望和嫉妒的體驗，這時我們會看到什麼？

我的意思並不只是認出自己有什麼念頭而已，而是深入探索情緒的核心，看看它到底是什麼。只看到自己想反擊某人的憤怒，或想取悅某人的慾望，那還只是個開始，真正認識自己的情緒是件相當有難度的事情，但也往往是激勵自己更進一步的動機，因為當我們發現自己一再成為情緒的手下敗將，就會下定決心說：我一定要學會解救自己的方法。

在我們真正認識情緒的面貌與其中的智慧之前，讓我們先對情緒如何運作有個清楚的概念。

情緒的力量，來自於一個簡單又根深柢固的源頭：我們對自己的茫然無知、渾然不覺（our lack of self-knowledge）。因此，當情緒出現時，如果我們能帶著覺性來經驗它，驚人的改變就會發生——情緒折磨我們的力量消失了！

因此，觀察情緒在我們生命中如何運作，以及它們一旦取得決策權時會造成多大災難，是非常重要的。有了這些認識之後，我們才能取回自主權，我們才會逐漸知道怎麼把自己從恐懼、懷疑、憤怒、驕傲、慾望、嫉妒……這些老掉牙的模式中解救出來，它們過去奪走了我們多少快樂呀，現在

我們終於重新獲得為自己的人生掌舵的力量了。

　　話雖如此，但這些情緒已經和我們相伴多年，可以算是老朋友了，這些熟悉的面孔如果有天不再出現，我們難免還是會懷念。但同時我們也心知肚明，知道這些情緒多麼會欺騙人，它們一再一再承諾我們：「聽我的！這次真的跟以前不一樣，這一次，你真的有權力讓你的怒火爆發。爆發出來吧，你會覺得好過多了。這次，你內在的空虛感一定會得到滿足的！」在這些承諾之下，我們一再吃足苦頭。

情緒來襲時的自救方案

　　感覺自己正被情緒折磨時，怎麼辦呢？就像發生火災一樣，你可能會先找逃生方向，然而情緒來時既沒有火光也沒有煙霧，你什麼也看不到，要往哪個方向逃才對呢？你很難說：「嗯，我感覺到怒火正在衝撞前門，我要從後院溜走。」你永遠不知道後院有什麼正等著你。沒有事先通盤考慮，在慌亂下做出的決定，有可能逃出了油鍋，卻跳進火海。與其把自己的幸福快樂交由運氣來決定，比較好的作法是先擬定好逃生計劃，如此一來，每當你發現地面隱隱搖晃，情緒的大地震即將來襲時，你就有事先準備好的逃生計劃可用了。

　　本書所要介紹的就是一套情緒來襲時的自救方案：解除情緒危機的三步驟，簡稱「情緒解脫術」，它將幫助你學習到所需的技巧，以擺脫過去讓你痛苦的老習慣，改以一種嶄新方式來展現自己，而那是一種快樂得多的新方式。

　　所謂的三步驟是：一、覺察間隙；二、綜觀全局；三、放下放鬆。這三個步驟是循序進行的，每一個步驟都以前一個步驟作為基礎，一步步帶給你應付情緒的能力，最後，就算是最難纏的情緒，你也能轉化它。

　　簡單說來，所謂「覺察間隙」（Mindful Gap），是在你和情緒之間製造一個安全距離的練習，好讓你有足夠的內在空間來處理情緒的能量。第二步「綜觀全局」（Clear Seeing），則是練習觀察情緒以及它周遭的全景，我們試著打開視野，綜覽全局，包括看到自己慣常的行為模式。最後的「放下放鬆」（Letting Go），則是使用肢體動作、放鬆技巧，最重要的是使用覺性，以釋放身心壓力、釋放情緒緊繃能量的方法。

　　每一步驟的學習，都會讓你更加嫻熟於轉化情緒的內在修練，慢慢的，你將逐漸看穿遮蔽情緒本質的厚重外殼，最後，你會直接見到憤怒、慾望、嫉妒、驕傲的核心，就連恐懼和愚癡都變得清晰透明。

　　這三步驟的練習一旦得心應手，會帶來深刻的情緒療

癒。其中的每一步驟都可能是個轉捩點，成為你和情緒之間
關係改變、進化的契機。情緒將不再是你苦苦對抗的對象，
反而可能蛻變成為你的創意夥伴。假以時日，繼續練習，佔
據心頭的焦慮和懷疑將會讓位，取而代之的是胸有成竹的信
心。逐漸的，你會發現情緒其實是一個跳板，通往你一直以
來所追求的自由，它們會為你打開通往解脫自在的道路，而
不再是扯你後腿。

　　附帶一提，這本書並不是要教你一些與過去經驗迥然不
同的東西，事實上，對於如何跳出情緒的慣性反應，你所知
道的已經相當多了，畢竟這些習性是你自己的，誰會比你更
熟悉它們呢？然而，學會一些新方法，來幫助你運用自己原
有的知識——你的常識、你的洞見，是很有幫助的，更能幫
助你看清是什麼一直在扯你後腿，讓你無法進步，而帶你走
向自由的又是什麼。

情緒是什麼？

　　在詳細介紹「情緒解脫術」之前，讓我們先看看「情
緒」在字典上的定義是什麼，有了基本的定義，我們再看看
從「情緒解脫術」的角度，情緒又是什麼，這將帶我們進入
另一個層次。假如字典上的定義已經說盡了一切，說不定就

足供我們認識情緒，以控制情緒、減輕傷害，不過事實不僅如此，在其他地方還有另一種視野，可以帶我們一睹更超越的、更上一層樓的體驗。

牛津英文字典告訴我們，「情緒」是一種躁動、不安或焦慮的高張力心理狀態，伴隨著生理上的不適反應，例如心跳加速，呼吸急促，甚至哭泣或顫抖等等。情緒（emotion）這個字的字源（在古法文和拉丁文中）更有著「激起」、「打動」、「擾動」的意思。在一般的說法中，這些感覺是超乎我們的意識和理智所能控制的。

然而，有一些情緒是讓人快樂的，不是嗎？難道愛與喜悅不是情緒嗎？是的，不過當愛、喜悅、慈悲這類心理狀態出現時，並不會毀了你的一天，相反的，你會感覺比較好，心境會更明朗、寧靜，所以我們把它們另當別論。通常當你說「我現在很情緒化」的時候，你的感覺並不是很好。

而本書中的「情緒解脫術」所要解脫的「情緒」，指的是那些裝滿痛苦與迷亂的沉重包袱，我們要解開那些包袱，放它們走。

好消息

「情緒解脫術」認為情緒可分為兩個層面。以一般層面

來看，沒錯，情緒有好有壞，有帶來快樂的情緒，也有帶來愁雲慘霧的情緒。但深入到另一個層面來看，所有的情緒，不管我們覺得它們是好是壞，都有一個相同的本質，而那本質是超越好與壞的。

不管情緒表面上看來如何，不管你怎麼評斷它們，所有情緒的核心，根本上都是正面的。這真是個好消息，不是嗎？也就是說，根本上，你是 OK 的，就算你正懷疑著自己、正在和亂糟糟的情緒纏鬥，也是如此。

情緒的能量，是你心中創造力和心智力量的無限泉源，就像人們廣為使用的電流一樣，而且它永遠都處於「啟動中」的狀態；有朝一日，當你終於直接看見情緒的核心時，你就會見到這股力量的泉源。

一個情緒，在它逐漸升溫到白熱化、讓人忙著降溫之前，它的生起，來自於一種基本的能量，而這能量流動在所有的情緒中，不管是好、壞、中性的情緒。

最初，它單純只是一個受到環境激活而竄升起來的能量，就像電壓在電線中竄動一般。如果只是輕微的、慢慢的竄升起來，可能不會引起你的注意，但若是一次強烈的突爆，你就可能受到劇烈震撼。這就是為何我們總是在比較脆弱敏感的電器上加裝「穩壓器」。可惜目前還沒有人體穿戴式的穩壓器，可防止自己的脾氣暴衝。

　　挑動你的東西，可能是內在的或某件私密的事，例如聽到一首熟悉的老歌喚起你的回憶；或是外在的事物，例如身邊的人明知道你不喜歡，還老愛講同一個冷笑話。回想一下，上一次你真正發怒是在什麼時候？回想當時，就在你逐漸火大起來，各種憤怒的念頭即將冒出之前，是不是有一個空隙？就在那時，你平常心中的喃喃自語停止了一會兒，那是一個沒有念頭的安靜時刻，而那空隙，不只是一段空白，那是你的情緒現身的第一個剎那，是你心中本然智慧所具有的、創造力十足的能量。

　　「這一套說法聽起來不錯，」你或許會說：「但不適合我，我可不是那種有創造力的人。」真的嗎？其實你一直在創造著，你周遭的世界就是你的作品。你做出決定，建立起各種關係，安排自己的居住空間，你想像出未來的目標、工作和玩樂的方式，對於你想要的世界充滿願景。藉由電力的小小幫助，你可以把黑夜變成白天，把冰冷的公寓變成舒適的家園。

　　以同樣的方式，你的情緒可以照亮你的世界，以它們生氣勃勃、興致昂揚的能量讓你暖起來、醒過來，當你失去方向，它們會為你的人生帶來清新的指引和啟發。

認出情緒失衡前的關鍵剎那

因此，情緒不一定是個麻煩，每一個情緒都有可能帶來令人心生歡喜的正面能量，相反的，也可能帶來愁雲慘霧，端看我們如何面對它、處理它，如何回應這股竄升而起的能量，我們的作法決定了它的走向。

你或許會覺得奇怪：「好吧，如果我的情緒閃現的第一個剎那是自然的創造力能量，那後來為什麼又把事情搞砸了，中間發生了什麼事？」事實上，中間發生的事可多了，如果你從不留意的話。

想像一下，在一個風光明媚的下午，你和朋友出去散步，悠閒的走著走著，你忽然絆到一塊石頭，一個踉蹌，失去平衡。事情發生得這麼突然，剎時之間你心中一片空白，但沒多久，念頭就一湧而出：真是的，誰呀？竟然把一顆大石頭放路中間！我差點就摔死了……

這時候，你是有選擇權的。你可以選擇一笑置之，也可以選擇開始發飆，四下尋找責怪的對象──公園管理處、市議會，或是身邊的朋友（因為他沒注意到你絆了一跤，還繼續往前走），或是那顆討厭的石頭。你也可以選擇彎下腰來把石頭搬到路邊，免得下一個路人被絆倒。當然你也可能以上全選，快速的一一採用，這不是個深思熟慮的單一過程。

　　每一次我們感覺到怒氣生起，總是往外界尋找原因，我們習慣把指頭指向夥伴、鄰居，或是那硬是要超車到我們前面的駕駛。但這麼做只會讓我們喜歡怪罪別人的習慣越來越強，讓事情變得更棘手。如果你的習慣是每次和另一半意見稍微相左，就要怒目相向，那討論事情就越來越容易擦槍走火，一不小心就進入「戰鬥模式」。本來兩人要攜手前去最愛的餐廳慶祝一個值得紀念的日子，最後卻演變成一場大戰。然而事情本來可以不必走到這一步的。

　　在你親手毀掉結婚紀念日的晚餐，或是危及一段多年的友誼之前，你可以學習認出那個剎那——當你在心中被絆倒，一個踉蹌，失去平衡的剎那。那是一個驚愕的時刻，你一時啞然，有點「呃……」（duh…）的感覺。一時片刻，沒有念頭，沒有概念可以形容你的處境，這時候，那能量還是在那兒，氣泡在汽水裡嘶嘶作響，電流在電線中竄動著，你是清醒的，明察秋毫的，心裡的話匣子還沒把你拉去叨叨敘說事態發展。這時候，看著這個「呃……」的剎那，然後如果你繼續看著，就會發現下一剎那，我們的慣性反應是多麼快速的跳進來接管。

　　如果我們向憤怒讓步，每一個帶著恨意的、刻薄的念頭，都會帶來另一股更強烈的憤怒能量、更負面的怪罪別人的念頭，接著，幾乎在彈指之間，我們就編造出一段真實感

十足的劇情，就像晚間新聞一樣的鏗鏘有力：「有事情發生了，我遭逢變故了，如果我反應有點激烈，請見諒。」

如果任由念頭這樣運作下去，我們的心就開始飛旋，再也搞不清楚自己在做什麼，最初發生的問題已經遙不可及，我們只能在自己的反應上繼續做反應，我們理不出最初那個問題的頭緒，也解決不了那個問題，因為此刻已經消失的問題，你要如何解決呢？就好像一則轉過好幾手的訊息，最後輾轉傳到你手裡時，你已經看不清這訊息是原意呢，還是被加油添醋或大幅刪減過。

在這樣心煩意亂、忙著為某些人編織罪狀，為某些人（主要是自己）開脫罪名的狀況下，我們完全錯過了認識情緒運作過程的機會。不過，如果可以在事態發展到不可收拾之前，同步察覺到情緒的運作方式，我們就有機會逆轉局勢，把心轉向正面的方向。如此一來，就算我們已經被情緒牽著鼻子走，起碼自己的念頭會是比較有建設性、比較樂觀的。但若是從頭到尾，都沒有察覺到一丁點情緒運作的模式，那最終只能淪為情緒的受害者，抱怨著：「為什麼這種事總是發生在我身上？」

所以，你可以選擇下定決心保持醒覺，投入於觀照自己的生活，也可以閉上眼睛不管，希望自己運氣還不差。隨你喜歡，任君選擇，反正無論你選擇哪一種，情緒和念頭還是

會源源不絕的到來，而沒有人注意的時候，它們就喜歡撒野，恣意狂奔。如果太晚才注意到它們，你會發現這些感受已經宰制了你的人生，正在偷取你珍貴的清明神志呢。

而如果你能多了解情緒一點，你會發現情緒其實不是只有單一面相，它不是一種持續幾個小時、幾天、幾年都一成不變的心境，情緒是來來去去的，它生起又消逝，就像我們的呼吸一樣，只持續幾秒鐘而已。只要經過少許練習，你就可以真正的目睹這個過程。

這麼說好了。有一天你忽然想念起前任女友（或男友），心想：「其實她才是真正適合我的人啊！」但她現在已經離你而去，不但離開你，還帶走你珍藏的整套漫畫。唉！真令人心碎。不管做什麼，你都高興不起來，你聽聽音樂，看看電視，心情還是始終低落。就這樣難過了幾個小時後，你終於決定起身出去走走。走在通往街角咖啡店的路上，你注意到四周的繽紛色彩──鄰居庭院開滿了花朵，你可以感覺到背上暖洋洋的陽光，路上有人向你揮手，微風輕柔的拂過你的臉龐。當你走到咖啡店門口時，臉上已經掛著笑容。這是另一個世界了。

事情就是如此，你本來以為自己永遠爬不出悲慘的心境，會絕望至死，至少感覺起來是如此。不管理智和過往的經驗怎麼說，你還是覺得：完了，我永遠都快樂不起來了，

永遠擺脫不了這種痛苦或心碎、嫉妒、恨意……等等。誰知才一轉身，就在悲慘的另一面，快樂與歡喜就等在那裡；就在憤怒的另一面，寧靜與祥和就等在那裡。

每個情緒都有兩面，當你看著這一面，另一面同時也在那兒，就算你看不見。也就是說，不管你的情緒讓你看到的是哪一面，快樂或悲傷，它的另一面，永遠都同在。

快樂與悲傷，憤怒與平靜，全都來自同一股創造力能量，這能量是不可能永遠受困或凍結的，當然，它會遇到亂流，讓人痛苦，但終會轉變，不久前你還意志消沉，心灰意冷，就連最喜歡的一首歌都沒辦法好好享受；沒幾個鐘頭後，你就聞著清新的咖啡香味，覺得享受極了，一邊微笑著向朋友揮手。你重新恢復理智，心想：「噢，耶，我沒事，人生是美好的。」

下定決心的時刻到了

要對情緒下手，沒有一個有效的計劃是不行的，你將難以知道如何擺脫情緒造成的痛苦。或許，怒火快要沖天時，你有辦法完全靠意志力把它壓抑下來，或是因為害怕發怒的後果（比如失去工作，或失去婚姻）而隱忍下來，但有多少次，你發現前一晚熄滅的怒氣，第二天還是熊熊燃燒著？於

是為了澆熄怒火，所有的努力都得重新再來一遍。

從情緒之中解脫的關鍵，在於知識。你必須下定決心，盡己所能的學習關於這股能量的一切，不然，當它要狠起來，可是像流氓一樣難纏。接受過一些訓練之後，你就會慢慢學習到如何把情緒看得更清楚，看清楚憤怒、嫉妒、慾望……也學會遭遇到它們的時候，應該採取哪些的步驟，然後慢慢轉化它們。這麼一來，你不但可以解救自己，逃脫情緒的掌控，有朝一日，你甚至可能會感謝並享用它們純淨、活躍的能量，而這就是本書想要達到的目的了。

準備好面對情緒的強大能量了嗎？準備好要擺脫自己那些害人不淺的老習慣了嗎？那麼首先，你需要有一種強烈的決心，決定「我就是要這樣做！」，而且堅定不移。因為這個過程需要你每天和自心打交道，對自心下功夫，願意去面對此起彼落的不適之處。有些時候，你會覺得自己失去了耐心，對人不怎麼友善，這時你曾經立下的決心會助你一臂之力，把你推回正軌。日後當你已經做過一些練習，就算是所謂的犯錯、失足，也會幫助你憶起情緒那單純、明晰的能量，而光是這一剎那的憶起，你就會重新回到覺性之中。

現在你正要以全新的眼光，探索情緒的真實面貌。想想看，你對情緒的看法是如何呢？對於這些情緒的感受，你感覺如何呢？討厭它們或是喜歡它們？你是怎麼對待你的憤

怒、你的憂傷、你的慾望？想清楚這些問題，你會更知道怎麼與這些情緒打交道，接下來書中所介紹的「情緒解脫術」就派得上用場了。

問問自己：

我想要得到什麼？

　　每當你要投入一個長程計劃之前，心裡一定明白這工作有時會需要你下點苦工，有時會感覺很無趣，因此，在開始練習「情緒解脫術」之前，或許你應該先問問自己：到底，我這麼做是為了什麼？我有多強的決心堅持下去？

　　計劃要成功，你就要給自己一個清楚的答案。你必須要有堅定的決心。

　　如果你不清楚自己學習和練習「情緒解脫術」的理由，下次遭遇難關的時候，模糊不清的動機是幫不了你的。你將無法堅持運用所學到的方法，於是，情緒將再次把你整慘。

　　所以，你需要一個真切的目標。如果你久久才察覺到自己的情緒一次，怎麼可能嚐到你所企望「從情緒中解脫」的滋味？最後你會奇怪為什麼這套計劃完全沒有效果、沒有讓你感覺好一點，懷疑自己是不是該放棄，試試別的辦法。

在這一章結尾，我們將要進行一個「覺察力的書寫練習」，目的是為了讓你更清楚自己的動機，為什麼要先做這種覺察力的練習呢？因為希望讓你和這三步驟：覺察間隙、綜觀全局、放下放鬆，搭起第一次接觸的橋樑。

在開始「書寫練習」的練習題之前，請先閱讀以下的寫作規則，這些規則將幫助你思索、回應接下來的習作。

心流寫作：帶著覺察力的書寫練習

在我們和情緒打交道的過程中，「書寫」是成功的關鍵之一。本書中許多章節都提供了多種練習題，其中有些題目會建議你在過程中寫下你的想法，進行一種類似「心流寫作[3]」的書寫活動，如果你能將這些寫作以日記或筆記的方式儲存起來（紙本或數位皆可），是個很好的主意。

就和「覺察間隙」（後面將會介紹）的練習一樣，當我們遭遇內在強烈情緒，或外在艱難的處境時，帶著覺察力的書寫，對我們特別有幫助。

帶著覺察力書寫時，我們把注意力放在寫字或打字的動作上，當一個字一個字從手指的動作流出，由於我們只能寫這麼快，念頭運轉的速度也因此慢了下來。帶著覺察力來書寫，也能讓情緒能量的衝力減緩下來，為自己爭取到更多時間和空間看看到底發生了什麼事。以此方式，書寫也成了一種「覺察間隙」的練習。

寫作規則

❖ 建議你在這本書中每一次的書寫練習開始前，先定下時間長度。你可以多寫一點，也可以少寫一點，但最好在開始之前，就決定好要寫多久的時間。

❖ 書寫的時候，請覺察身體的感受，去覺察握著筆的手，留意接觸紙張或鍵盤的手是什麼感覺，當文字一個個出現在紙上或螢幕上，你的身體動作帶來什麼感受？

❖ 請覺察你的念頭和情緒，看著它們生起，化為你眼前的文字。

❖ 不要停下來思考，要一直不停的繼續寫，就算你不知道接下來要說什麼。

❖ 如果不確定要寫什麼，就寫一些「我不曉得要寫什麼」之類的話。你可以這樣重複寫好幾遍。或者，把你身體上的感覺寫下來。脖子是不是有點僵硬了？渴了嗎？累了嗎？也可以把你的主題或問題重寫一遍。

❖ 寫作中，每隔一段時間，停筆，讓心休息一下。

❖ 寫完之後可以重讀一遍，或日後找個時間重讀。

❖ 建議你把書寫的文字保留在日記或筆記本裡，至少保存一年。

3　心流寫作：（written reflection）隨著心念的流動，心裡想到什麼就寫下什麼，就只是記錄它，不需要刻意調整或修飾。

書寫的時候，單純的接受任何你心中生起的事物，不帶評判的把它們寫下來，以這樣的方式書寫，內心那個老愛逼自己追求「完美」的裁判員，就沒機會掌控你了。帶著清楚明白的覺察力，寫吧！但不要去編輯它。

本書中將會有許多練習活動，其中會提出許多問題供你思索，你可以感受看看，以此覺察力的書寫方式，會為你的思索過程帶來什麼不同的體驗。「覺察力」這個大原則，可以用在書中所有的練習中，不管是身體上或語言上的練習，不管是個人或團體的練習活動。

如果你願意將你的書寫保留為筆記或日誌的形式，那麼不必侷限在文字的範圍，你可以加入手繪圖片、照片，或任何描述方式都可以，隨你喜歡。

習作：我想要得到什麼？

想一想以下的問題，然後選擇一題，進行五分鐘或十分鐘的書寫練習。

❖ 在我這充滿情感、情緒的生命中，我最想改變的是什麼？

❖ 為什麼這個改變對我這麼重要？發生什麼事讓我覺得這麼急需改變？

❖ 對於這本書即將介紹的「情緒解脫術」：覺察間隙、綜觀全局、放下放鬆，我希望從中得到什麼？我希望它帶給我什麼？

❖ 假如我能夠實現一個願望的話，我會為自己許下什麼願望？（當然這是個假設，但你真正的願望是什麼呢？）

　　盡可能回答得具體一點，而不只是「我想要快樂」或「我想要變好一點」這樣一般性的泛泛回答，請深入加以探索。你可以從泛泛的回答開始，再隨著自己的思路慢慢添加細節。同時，請先關心你自己，以自己的目標為思考的對象，現在還不是思索如何改善別人生活的時刻。（但這時刻很快就會到來的。）

2
覺察力是關鍵

一個人若能改變心態，就能改變人生。
——威廉‧詹姆士（美國哲學家與心理學家）
Human beings can alter their lives by altering their attitudes of mind.
—— William James

搭過飛機的人都知道，飛機起飛之前，空服員會為我們指出逃生門的位置，就算機艙內燈光熄滅，逃生指示燈還是閃亮著，標示出前往逃生門的通道。這是一套設計完善的逃生方案，為的是讓旅客在事故發生時，可以快速安全的抵達逃生門。

同樣的，當你有一套步驟清楚的「情緒逃生方案」，惱人的情緒事故發生時，就不用驚慌，因為你知道該怎麼做就能抵達逃生門，脫離危險的處境。如果你心中沒有一套方案，沒有清楚的逃生方向，遇到任何一個情緒高漲的激動時刻，都足以嚇得你拔腿狂奔，卻完全沒想清楚要跑向哪裡。這可能比待在原處更危險。

　　情緒解脫術，就是為了讓你在緊急的情緒事故中全身而退所設計的方案，也能在日常生活的小摩擦中助你一臂之力，例如當你和別人（一個和你一樣不想痛苦，只想安全脫身的人）一言不合、爭鋒相對的時候。實際演練過這套方案，並且親身實驗過後，你將逐漸胸有成竹，生起自信，成為個中好手，之後，你將擁有一種本能反應，直覺的知道該怎麼做，能夠一眼就看出距離最近的「逃生路線」，大步走上前，從容且放鬆。

　　但在開始學習這套「情緒解脫術」之前，若是能先掌握一些基本概念，學起來會更容易、更安全，也更有效一些。事實上，學習任何學問不都是如此？在掌握該學問的微妙之處前，必須先學會基本功。就像在你學會單獨駕駛一架飛機前，要先從學習飛機各部零件及其原理開始，日後當你起飛之時，整架飛行器如何運作已經瞭然於胸，你知道如何充分利用它的效能。

　　同樣的，你必須先學會掌握「覺察力[4]」這項基本功，日後才能在情緒的亂流中從容飛行。

　　為什麼覺察力這麼重要？你必須先知道覺察力是什麼，以後當你度過糟糕的一天，帶著一肚子怒氣回家時，才用得

4　覺察力（mindfulness），一般也譯為「正念」或「正念覺察」。

上情緒解脫術的第一招:「覺察間隙」。

覺察力到底有什麼好處?為什麼我們要花力氣去培養它?事實上,從一開始你就會需要它,首先,你必須覺察得到強烈情緒來襲時,你看待它的態度是什麼,日後當你的覺察力逐漸拓展時,你才有能力覺察到「態度」如何影響自己做出「反應」,也就是遭遇情緒巨浪及其傷人的併發症時,你習慣性的處理方式。

覺察力,不可或缺的元素

所謂的「覺察」(mindful),意思就是「留神」、「注意」,這是面對情緒的關鍵,也是平靜之心的守門員。「覺察」也有「記得」、「想起來」的意思,計劃再好,如果你不記得使用它,就根本沒用。「覺察力」本身就是一門可以個別練習的絕活,同時也是「情緒解脫術」三步驟中每一步驟都不可或缺的元素。

那麼,要怎麼樣「留神」、「注意」呢?要「注意」的又是什麼呢?很簡單,只要把覺性帶回到當下此刻,回到當下你的所在之處。在過去和未來之間的此刻,有一個清新的、開闊的空間,一個自然的空隙,在當下的這一點,你覺知著來來去去的念頭和感受,以及周遭世界的種種色彩、聲

音、氣味……。

　　無論在哪裡，你都可以保持「覺察力」，不管是漫步在公園裡，或是在大賣場買東西，不管是正為家人做飯，或正在看電視，不管是獨自一人或是身處擁擠的人群，不管是快樂或悲傷，不管是正和室友爭執不下，或是和老友開懷大笑，只要當你有念頭或感覺生起（也就是說幾乎隨時隨地），就覺察著，一旦習慣這麼做，「覺察」就不是件困難的事。它會變成一個新習慣，取代你原來的老習慣：漫不經心、粗心大意、容易恍神、健忘。

　　所以，現在讓我們先花一點時間，熟悉一下這個簡單的心靈修練：覺察力的練習。

培養「覺察力」

　　時間長度：一開始，只要五到十分鐘，之後可以自行加長時間。

　　身體的姿勢：開始之前，你需要一個舒適的座位。你可以坐在椅子上，也可以坐在一個穩固的坐墊上，重點是要能夠放鬆的坐著，又能夠讓脊椎和肩膀挺直。坐在椅子上的

話，讓兩腳平放在地板上；如果是坐在坐墊上，讓兩腳交叉盤坐，但以舒服為原則。雙手可以放在腿上。眼睛略為往下看，視線落在身前不遠處。

覺察你的呼吸：舒適坐好後，先深呼吸一次，然後把注意力放在呼吸上，吐氣的時候，輕輕的注意著它，吸氣的時候，放鬆即可。以這樣的方式，真正的去感覺自己的呼吸，感受一呼一吸的變化、脈動。放鬆的時候，你會逐漸對當下此刻有一種欣然悅納的感受。

覺察念頭、感受和情緒：念頭冒出來的時候，不要被它牽著走，但也不用制止它，只要在念頭剎那剎那出現時，覺察到它的出現，這樣就可以了，之後就隨它去，然後把注意力重新帶回到呼吸上。每當身體有什麼感覺（如膝蓋痛），或情緒出現（例如閃過一絲煩躁，或有點不悅），也是一樣，覺知到它的出現，然後就放鬆，隨它去，把注意帶回到呼吸上。

練習結束後：感覺一下這幾分鐘的練習帶給自己什麼感受。之後，在日常生活中，提醒自己偶爾停下腳步，覺察一下自己念頭的起伏，呼吸的出入。一天之中，只要有片刻的空檔，就讓自己簡單的練習一下覺察力，你可以把這個練習縮短為幾秒鐘、幾分鐘的「迷你版」，隨時練習。

關於覺察力的練習，在本書的「進階練習篇」中有更詳細的介紹。

　　「覺察」，是一種讓自己能「注意觀看」的方法，不管是什麼要進入你的「心門」，你都能注意到。你留意覺察著來敲門的念頭，和一再按門鈴的情緒，而當你這樣留意著、覺察著的時候，你是有決策權的，你有權決定誰可以進入你的心門，可以停留多久。萬一闖進門來的是「魔鬼終結者」或是「毀滅博士」[5]，你也會記得盡量不要被他們的花言巧語牽著鼻子走，別忘了自己才是主人；如果他們在家裡胡鬧或是賴著不走，你也不會忘了下令逐客，請他們離開。

　　進行覺察力的練習時，別擔心自己做得「是否正確」，重點是帶著全部注意力投入練習，覺知著身體的感受、呼吸的出入、念頭及情緒之流，以此方式，讓自己回到當下。每次一發現自己心猿意馬、分心了，就把它帶回來。也就是說這裡有兩個主角：一個是專注在當下的「覺性」，另一個是發現心不在當下，於是把它帶回來的「覺察力」。

　　覺察力會產生一種精確又清楚的專注感，你很清楚自己有什麼念頭，很清楚自己看到什麼，聽到什麼，感覺到什麼。眼前這一刻所見的事物，你都精確的知道是怎麼回事。

5　魔鬼終結者（Terminator），阿諾史瓦辛格主演的科幻片，片中的魔鬼終結者是威力強大的生化機器人，續集更進化成液態金屬人。可隨意變形為接觸過的任何人。毀滅博士（Dr. Doom）則是美國漫威漫畫（Marvel）中最危險的反派角色之一。

你看得到自己目前的心境，也看得出自己一再出現的慣性思考模式。自己正在做什麼，你都明明白白，也知道自己是有選擇的。特別像是在購物商場時，你並非命中註定、在劫難逃，非得把錢花在你買不起的東西上面不可。你是有選擇的，你可以選擇在那輛名貴跑車的櫥窗前，只當一個純粹的欣賞者。

覺察力也有助於看出自己對情緒的慣性反應，也就是對憤怒、慾望、嫉妒、羨慕……的處理方式，是多麼受到自己看待情緒的態度所影響。或許你不常想到這類問題，但是認出自己怎麼看待情緒、自己對情緒的看法到底是如何，可以讓我們從中學到很多東西。

看待情緒的三種態度：負面、正面和不偏不倚

在「情緒解脫術」中，我們要觀察三種基本的「看待情緒的態度」，也就是：負面（壞的）、正面（好的），以及不偏不倚（超越好壞標籤）的態度。我們總習慣以這三種態度之一，來對待自己的情緒，而這習慣來自於過去情緒帶給我們的經驗。對於每次見面都羞辱我們、甩我們耳光的人，我們自有一種態度；對於拍拍肩膀講笑話給我們聽的人，又有另一種態度。每次那個「愛打人的傢伙」一出現，我們就

想逃跑，就算不知道他這次所為何來，我們心裡也事先有了盤算；而每次那位輕鬆又友善的朋友一出現時，我們也總是滿心期待。然而，還有另一種可能性：我們可以用一種不預先批判、也不懷抱期待的態度，面對任何情緒的到來，包括最難應付的情緒在內。一旦能夠做到這點，情緒降臨時，就沒有什麼能阻礙我們清晰洞察、明智行事的能力了。

「情緒解脫術」中的三步驟：覺察間隙、綜觀全局、放下放鬆，分別和這三種態度（負面、正面、不偏不倚）相對應，每一步驟也都提供了一扇「逃生出口」——以覺察力避免自己又墮入慣性反應並造成傷害的方法。而當你一步一步的練習這三個步驟時，你看待情緒的態度也會跟著進化，你應對情緒的技巧也會跟著升級，假以時日，最終你將提升到最高的階段：認出自己的情緒是一種有創造力的能量，超越了好與壞的二元對立。[6]

現在，在起步階段，你想知道自己對情緒的看法嗎？只要看看情緒突然冒出來的時候，自己的本能反應就知道了。多觀察幾遍，你可能會有出乎意料之外的發現。對於憤怒，你是不是百般迴避？當別人對你表達喜愛之意，你會怎麼反

6　這個「情緒解脫術」的三階段練習過程，在本章最後，有一張一目瞭然的表格，幫助讀者重點歸納。

應？當別人對你大吼大叫，你又是什麼反應？如果別人開始哭了起來呢？

想像一下，如果你的情緒是人的話，你會邀請他們到你家玩嗎？你會傾聽他們說話嗎？還是根本不想理會它們？

當我們把情緒視為負面事物時，情緒看起來真是一無是處，完全是個「損友」，讓人痛苦、讓人煩亂、讓人瘋狂，讓人筋疲力竭。情緒打亂你的計劃，讓你壓力重重，甚至還會讓你生病。情況嚴重的時候，情緒甚至可能是個殺人的毒物，或者讓人很想去死——我們都聽過這樣的台詞：「如果不能擁有你，我就要從樓頂跳下去！」——也就是說，我們覺得情緒是個讓我們不快樂的敵人，就像賊一樣，一次又一次闖進你的心門，偷走你的清明和平靜。

從這個角度看來，情緒真是個壞東西，就像每天都要倒的垃圾一樣，毫無價值。這是「情緒解脫術」初學者最普遍的看法，也是練習第一招「覺察間隙」時，我們所抱持的主要觀點。

而當我們把情緒視為正面的事物時，會發現情緒還真是具有許多美好的素質，儘管不時傷害我們，但這些痛苦的教訓讓人保持真誠。情緒不再只是身心健康的威脅，反而是心靈成長的要素，不可或缺。為了對付情緒的挑戰，你因而變得更好、更強，情緒就像朋友，帶給你幫助；情緒就像藥

物，擁有療癒的力量；情緒就像沒人要的垃圾，其實蘊藏著各種有趣的原料，可以回收再製成實用、美麗的物品。這是一種較為正面、樂觀的態度，當我們練習與情緒相處一段時間後，開始用更宏觀的視野看待情緒時，這種觀點就會自然生起。而這也是練習「情緒解脫術」的第二招「綜觀全局」時，我們所抱持的主要觀點。

在欣然接受了情緒的正面與負面之後，還有第三種觀點。這時你所見到的，不再是兩極化的對立看法，而是一種不偏不倚的全面視野。你發現情緒全都來自同一個發源地：你自心中那隨時都在、自然泉湧的創造性能量。那就是所謂的「情緒的本然狀態」（The natural state of the emotions），無論是憤怒、嫉妒、慾望、激情或是相互交織的感受，皆是如此。這本來的、自然的狀態是一種清晰、敏銳、純淨的覺性，它能見到事物的真實面貌，而不像我們平常情緒化的心，總是一再的編織故事。

這種超然脫俗的態度，與「情緒解脫術」的第三招：「放下放鬆」相對應，可說是這整個練習過程的最高境界。當你終於擁有了這樣的觀點時，情緒不再讓你盲目，也不再能誤導你，情緒的能量現在不再把你搞得一團亂，反而帶來相反的作用，讓你用一種更開闊的視野、仁慈的胸懷、平和寧靜的心境，應對各種局勢與狀況。

情緒爆發的三道出口

　　每當情緒爆發的「非常時刻」到來，有三個出口，可供你從害人不淺的慣性反應中逃脫。這三道門是：一、攔阻它（Reject）；二、利用它（Recycle）；三、認出它（Recognize）。

　　所謂的「出口」（exit）這個字，英文字典的釋義是「離開的通道」，如一扇門，它也有「從某處離開、脫離、退出」的意思，就像劇院中，演員從一齣正熱鬧上演中的舞台退場。

　　那麼，當你感覺憤恨、苦惱或自艾自憐時，如何找到你的出口呢？「情緒解脫術」裡的三個步驟就是在你急需離開、退出時，帶你找到出口的實戰策略，就像電玩遊戲攻略一樣。每個出口都能讓你獲得更高一級的知識、技巧和經驗值。你可以把這些出口想成是畫面逼真的電玩遊戲裡通往下一關的通道，每當你把遊戲其中一關全破之後，通往下一關的傳送門就會出現，走過這道門，會出現全新的關卡，面對各式各樣的嶄新挑戰。如果有任何一關沒破，就不算完整的玩過這個遊戲。

　　同樣的，在情緒的修練中，只有從初階入門，經過進階的技巧學習與升級，最後才能體驗到「情緒是具有創造力的

能量」這最高目標。

那麼，現在先讓我們來認識這三道「出口」，經過這一章的熱身準備之後，下一章開始，我們將實際學習情緒風暴來襲時如何脫困的三步驟。

一號出口：攔阻它

當我們把情緒看成不好的東西時，第一個反應就是攔阻它，逃離這股讓人不舒服的能量。你想把情緒關機、撲滅、埋進土裡，基本上，就是想不擇手段地把情緒封鎖，讓它再也動不了你一根寒毛。雖說這純粹只是一種本能反應，但這作法的確足以當成暫時的出口，不過尚且不足以讓你真正逃脫，因為那些感受還是會回來的，你還沒有得到真正的自由，因為你還沒有到達下一關——暫時還沒有。

在「情緒解脫術」的第一步驟，當你認為情緒「完全是個麻煩製造者」的時候，你的出口是一號逃生門：攔阻它。你抱持著覺察力，停止情緒的麻煩能量，把那些讓人痛苦的感受保持在安全距離之外，以免被它們擊垮。同持，以覺察力來應對情緒也為你爭取到了空間，讓真正能解除痛苦的良方有空間可以使用得上，這開啟了療癒的過程，也開啟了「遊戲」的「下一關」。情緒解脫的第一招：覺察空隙，就是要教你安全抵達通往下一關的逃生門所需的技巧。

　　不過，強大的情緒來臨時，怎樣才能帶著覺察力攔阻它呢？要怎麼做才不至於被它們「附身」？

　　有時，某些危險的情緒，像是憤怒、嫉妒，可能已經銷聲匿跡很久，你很長一段時間沒有感受到它們的存在，但才一眨眼，它們就忽然出現在你身邊。例如，你的女友只是在晚宴中和前男友多聊了幾句，轉眼間你的自我就變身成一頭怪獸，隨時可能跳上前去咬住那人的頭。這時把情緒攔阻下來，是個好主意。

　　但怎樣才能攔住它呢？把煩惱、敵意和狂亂一股腦地往心裡硬塞以後，是不可能希望它們就這樣煙消雲散的，也別以為只用啤酒或冰淇淋就能將它們冰鎮、麻醉。你必須使用一些真正能解決問題的方法，用一些能把憤怒的力道抵銷的方法，拔掉它的毒刺，最後再幫助它離開。方法是什麼呢？除了找人出氣，找別的事發洩以外，還有什麼辦法呢？

　　有的，對治憤怒的方法之一是「安忍」（patience），所謂「安忍」的意思是：保持覺察力，持續看著這些情緒，但是不採取反應，不隨之起舞[7]。「安忍」的意思並非壓抑煩惱，或是咬牙吞忍，安忍比較像是一種「預防醫學」，在憤怒或嫉妒讓你病倒前，事先預防。不過當煩躁不安的感覺自心中生起，而你一點都沒有耐性時，要去哪兒找安忍呢？

　　這情況就好像頭痛欲裂的時候，你打開藥櫃發現是空

的，只好走遠一點到藥局去買阿斯匹靈。你願意多付出一點努力去尋找痛苦的解藥，因為你知道只要吃兩三顆，頭痛就會離你遠去。同樣的，只要你願意帶著覺察力服用「安忍」這帖藥，憤怒就一定會離你而去。「魔鬼終結者」和「毀滅博士」將無法在你心中徘徊不去。

當然，有時候我們就是不肯吃藥，明明知道藥丸對自己有益，而且就在口袋裡，但就是不想吞下去。畢竟，那藥丸並不總是裹著糖衣，有時還滿難以吞嚥。化解這種抗拒心理的方法，是讓自己明白，一帖正確的良藥，絕對會讓你如釋重負，只要下定決心以覺察力進行情緒的修練，你所得到的將不只是痛苦的暫時緩解而已，你將逐漸成為情緒的主人，而不是任由情緒宰制。你所進行的，是一套具有長遠效果的療法。

當你決心使用這道一號逃生門時，很重要的是，要記起過去那些你放任不管的情緒，在你的人生中如何肆虐，造成了多大的破壞，造成了多大的痛苦，不僅是過去如此，如果不加以改變的話，在可見的未來也將災情慘重。

而有朝一日，當你發現闖禍的其實不是情緒本身，而是你隨之起舞的慣性反應，這時候，就是你更進一步學習新方

7　更多關於「安忍」的內容，請見本書第三章。

法的時候了。

雖然「攔阻情緒」是個很有用的方法,但仍然有其不足之處,有時不管你多麼努力想要讓情緒乖乖就範,它卻總是一波才平,一波又起。

這時怎麼辦呢?如果只是想攔阻它,不斷告訴自己:「我可以擺平這個感覺,我會擺脫它的!」可能反而更難衝破藩籬。這時候,另外一種想法也許比較有幫助,何不這麼想:「既然現在這情緒來了,這次我要用另一種眼光看待它,我要好好利用它!」

二號出口:利用它

當我們願意把情緒視為正面的好東西,或具有正面的潛能,這時我們對待情緒的作法自然改變了,情緒來襲時我們不再急著擺脫它、奔向逃生門,反而,我們對它有一種好奇心。你知道這些情緒的能量有可能是對你有用的東西——這可是個藏有寶物的垃圾堆,值得你另眼相看。

練習「情緒解脫術」的第二步驟「綜觀全局」時,你的逃生門是二號出口:利用它。過去你一直排斥、攔阻的那些能量,現在你不再想要完全制止,反而想要把它們「回收再利用」,把它們導向正面的用途。

現今世界上許多實用物品都是以所謂的「垃圾」製成

的，今天丟棄的廢物，改天可能變成一雙新鞋、酷炫的背包，或是造型咖啡桌。養成回收再利用的習慣後，你減少了垃圾量，增加了再生能源，幫助了自己，也幫助了社會。

同樣的，任何情緒，要以正面或負面的眼光看待它，悉聽尊便。你可以把它當成一文不值的東西，也可以看到它的潛力無限，端看你的觀點如何，以及你打算拿這些能量怎麼辦。你的悲傷、不滿和空虛，可以被你丟進垃圾桶，也可以被你回收再製為好用的東西。

怎麼樣把情緒回收再製成一雙美麗的新鞋？情緒怎麼會從令人反感，不願面對的東西，變成不但迷人，而且是撫慰心靈、帶給你快樂的要素？

首先，不要看都不看的就把情緒丟棄，你必須對它多付出一點注意力，靠近一點，看看情緒到底是什麼，具有什麼素質。一旦認識了自己的情緒，它們看起來就沒那麼可怕了，你會慢慢開始心懷感謝：原來情緒可以是你的朋友，你的好幫手，也是你所需要的隨身良藥。

逐漸的，你對情緒的負面偏見慢慢轉為正面，你瞥見情緒轉化的潛能，發現自己那強烈、銳利的憤怒之中，具有一種精準又清明的質地，你對情緒如何作用，有了更深刻、微妙的領會——突然之間，你知道如何解決辦公室中那場難解的紛爭了！

就是這股能量，它能幫助你不再猶疑，朝著新方向邁出步伐。當你失去工作，或失去所愛，感覺沮喪、無助、被排擠，這些情緒的能量，也同樣可以變成帶給你領悟、啟發你洞見的來源，從此你就可以帶著這領悟面對萬事萬物。你將會發現，你其實不需要將任何情緒驅逐出境，它們可都是回收再利用的好材料呢。就像毒蛇的毒液能再製成救命的解藥一樣，就算是惡毒的妒意，也能轉化為正能量的善意。

這麼說好了，想像你有一位好朋友，他寫了一首歌，竟然一夕之間爆紅，沒多久就出了個人專輯，還開了家唱片公司。每天你在手機或 iPad 上選歌的時候，都會看到他笑得滿面春風的照片。於是你開始覺得一股妒意湧上心頭，但你不能哭出來，因為你正在餐廳裡端盤子。

不能哭，那麼該怎麼辦呢？你可以在嫉妒的情緒生起時逮到它，加以處理。首先，認出「嫉妒」的出現，同時記得帶著覺察力看好你的心門，當你看到那情緒敲門想進來，想引起你的重視，你可以邀請它們進來，但必須事先訂好規矩，約法三章：不准撒野，不准亂闖，然後請它們進來坐一會兒，聽聽它們分享一些真心話。它們為何而來？是什麼事讓它們這麼憂心呢？當它們找到管道說出心裡想說的話，慢慢的，它們就不會再那麼裝腔作勢了，一種讓同理心得以生起的空間被營造出來了，你的嫉妒，現在慢慢轉化成一種欣

賞之情，你開始為朋友的好運氣感到高興。於是，這整件事情不再是讓你低落的原因，甚至可能鼓舞你去發掘出自己的夢想。

情緒解脫術將提供你透過第二號出口：回收再利用，來改變情緒走向所需的知識與技巧。假以時日，你會發現情緒基本上是個好東西，情緒像是你的朋友，是你的快樂與成長的推手。帶著這樣正面的觀點，你迎上前去，與情緒正面交鋒，好好感受它們，同時探索它們的潛能，看看多給它們一點機會，多付出一點了解，它們會變成什麼呢？

這時候，你就會知道情緒的「生產力」其實比它們的「破壞力」還強。所以，當一陣強烈的感受席捲而來，把你耍得團團轉、覺得自己就要失控時，不要氣餒；在這股情緒中，就有著你所需要的力量，足以破除這慣性模式。這情緒的濃度足以將你喚醒，鬆解你先入為主的種種偏見、概念。你的情緒就是熱力四射的火花、嘶嘶作響的電流，鼓動你把困難與挫折轉化為美妙的音樂與詩章。

沒錯，讓你心碎的是它們，將你療癒、帶給你悲憫之心的，也是它們。

三號出口：認出它

當你到達「將情緒視為具有創造力的能量」的階段，你

對待情緒的方式，自然而然的又改變了，在這階段，你的目標是第三號出口：認出它。在這一個階段當中，你不必再費力攔阻情緒，或把情緒回收利用，而是要直接趨入情緒的核心，契入情緒鮮活的能量，而不加以改變，這鮮活的能量是如此蓬勃有力，能夠穿透那些層層疊疊、覆蓋住它本質的概念造作和習性。「情緒解脫術」的第三個步驟：放下放鬆，就是引導你走向這扇逃生門的方法。

當你能夠如實的接受情緒的原貌時，你將以新鮮的眼光看待情緒，就像是換了一雙眼睛一樣。你開始認出情緒的核心中，那須臾未離的明智與慈悲，你在其中看到了一種智慧的素質，那是明晰的、醒覺的，而不是你以前熟悉的那張迷惑的老面孔。

到了遊戲中的「這一關」，你會注意到以前那一套非黑即白、非好即壞的觀點，並不適用於你所有的體驗，你發現許多情緒都集各種感受於一身，同時還回響著一個共同的訊息。它們是難以言喻的，若用任何言語來形容它們，也都沒辦法完整描述出它們豐富、多面向的原味。

這種超越言語的例子，其實並不少見。例如有那麼一天你覺得百無聊賴，對人生感到不滿，你手裡翻著旅遊雜誌，心裡渴望坐在千里之外如詩如畫的日落沙灘上，就在你覺得越來越不快樂時，不知怎麼地，抬頭瞥見了窗外的夕陽：

啊！好美。一時之間，你的心暫停了，你就這樣融入其中，你所見到的景象，不管用什麼標籤都不足以形容。你進入了一個超越語言的境界。

這樣的片刻具有轉化的力量，只要我們願意多注意它們一些，它們將會改變你觀看世界的方式，那就像是丟開所有的宣傳手冊和腳本，只是單純的活在眼前鮮活的當下，感受到片刻的「完整」感，在那瞬間，你與周遭的世界是合一的，而不再是分裂、疏離的。

當我們還是以「攔阻」或「回收利用」的態度處理情緒時，我們選的是一條比較迂迴的逃生路線來脫離痛苦。你必須擺脫情緒，或是轉化它們才能免於情緒之苦。甚至當你逐漸能夠欣賞那些恐懼和憤怒，知道它們是可以回收利用的好東西，心底還是有一些微微的不滿足感，覺得這些情緒還是不太對勁，雖然你知道它們的價值，還是覺得它們原來的樣子不夠好，感覺還是得把它們轉化成某種「比較好的東西」才行。

然而，當你走向第三道出口的時候，不需要去把情緒改變成別的東西，你接納情緒純淨的原貌，擁抱它們原來的樣子。你既不把它們當成一無是處的垃圾丟掉，也不試圖改變它們，把它們視為再製成環保餐具或再生紙的好材料。你超越了這兩種看法，因為你認出了情緒真正的本質是強烈無比

的清明、洞見與慈悲。一旦契入它們的本質，契入它們的本來面貌，情緒就純粹只是蓬勃的能量——它們是你與生俱來的智慧的創造力展現。

知道情緒何以讓我們痛苦悲慘，又何以讓我們自在快樂的各種關聯性之後，接著該是脫離理論階段，開始學習當強烈情緒真的突然來襲的當下，到底該如何接招的時候了。

 練習

問問自己：

如何讓自己記得「我要練習情緒解脫術」的決心？以及「為什麼我要練習」的動機？

就算你有很強烈的意願想要進行「情緒解脫術」的修練，也決心要堅持練習下去，不過，你還是可能會忘了去練習。一旦事情一忙，或是別的事吸引了你的注意力……「什麼？覺察間隙？那是什麼？你再說一遍？」各種老習慣又紛紛上身，很快的，所有熟悉的痛苦和老掉牙的埋怨又會回來折磨你。就算你跟神醫拿了一帖好藥，回到家卻忘了吃藥，毛病治不好也用不著太驚訝。

下面的練習，是要幫助你記起自己的意願和動機，讓你真的把「情緒解脫術」排進你的行事曆中。

採取行動

在下面的空格中填入你願意採行的具體行動

❖ 我要 _____

（例如：每週兩天挪出半個小時的時間好好省思，也就是週二和週六早上七點。）

❖ 當我 _____

（例如：早上起床時，）

我會 _____

（例如：在做其他事之前，先重複回想一遍自己的動機和意願。）

❖ 當我 _____

（例如：晚上睡覺前，）

我會 _____

（例如：思索自己的動機，並回顧自己一天下來，是否將它化為行動。）

你可以嘗試遵守以上的規則一段時間，再為自己定下另一套計劃。把你的行動計劃與家庭、工作或休閒生活中的活動相結合，讓這些活動變成提醒你的工具。

請發揮你的創意，試試看！

「情緒解脫術」的三階段練習過程

第一階段：新手上路、摸索訣竅	
在這階段，情緒對你來說是？	負面的壞東西：情緒是可怕的、有害的、勢不可擋的、不健康的、危險的、垃圾一般的廢棄物。
你所使用的方法是？	覺察間隙：感覺它、停一下、看著它。
你的逃生出口是？	一號出口 攔阻它：停止情緒的能量或脫離現場。

第二階段：熟能生巧、扭轉局勢	
在這階段，情緒對你來說是？	正面的好東西：情緒是有益健康的、對個人成長有幫助的、有難度但並非無法對付的。
你所使用的方法是？	綜觀全局：以更廣大的視野來觀照。 （此方法建立在「覺察間隙」的體驗基礎之上）
你的逃生出口是？	二號出口 利用它：將情緒的能量加工再製。（必要時，一號出口仍可使用）

第三階段：自在舞動、合而為一	
在這階段，情緒對你來說是？	充滿創造力的能量：它是超越好壞的，其中蘊含難以言喻的明晰感、悲憫之情，以及合而為一的完整感。
你所使用的方法是？	放下放鬆：透過放鬆身心的方法，將束縛著你的緊繃情緒能量鬆解開來。 （此方法建立在前兩階段練習的體驗基礎之上）
你的逃生出口是？	三號出口 認出它：認出情緒能量中覺醒的、豐美的本質，不加改變。 （必要時，一、二號出口仍可使用）

3

情緒解脫第一步：覺察間隙

通往成功之路，總在施工中。
——莉莉・湯琳（美國喜劇演員與作家）
The road to success is always
under construction.
—— Lily Tomlin

在紙上談兵的理論階段，和情緒打交道，聽起來似乎挺容易的，然而一旦來真的——老闆丟給你一份解聘通知書、妙齡的女兒蹺課不曉得跑去哪兒了，或另一半對你的新髮型冷嘲熱諷……那就完全是另一回事了。

寫在書頁上的白紙黑字讀起來，感覺非常簡單——不就是要保持覺察力，在講出會讓自己後悔的話以前阻止自己就行了嗎？但在情緒升溫、怒火攻心的那一刻，我們心裡卻總是想：「現在我一定要把這件事說清楚，我只是要把立場講清楚，說完我就閉嘴，說完我就會冷靜下來。」但我們都知道永遠不會「只有這件事」而已，不是嗎？你對自己的習性退讓一步，再回神，它就已經在那條你發誓「永不重蹈覆

轍」的老路上走了好幾哩，於是同樣的劇本一再搬演，同樣的痛苦再度造成。

　　不需要責怪自己，如果這是你熟悉的情節，和自己過不去對事情從來都不會有幫助；真正有所幫助的，是事先擬定好一套計劃，因為當強烈情緒驟然降臨時，你不會有時間停下來研擬應對計劃。

情緒解脫術

　　每當你受到情緒波動、感覺快被淹沒時，情緒解脫三步驟：覺察間隙、綜觀全局、放下放鬆，提供你立即平穩心緒、釋放壓力的三個簡單的方法，練習這三個方法之後，你會逐漸看清自己是如何一再陷入重複的行為模式，而這些模式只會傷害自己，而不是幫助自己。

　　每個人都理所當然的想擺脫麻煩，而不是惹麻煩，想解除情緒的痛苦，而不是加深痛苦，但我們的所作所為，卻往往與我們想達到的效果背道而馳。當朋友口無遮攔的評論我們的感情生活（毫不在乎我們的感受）；當老闆對新來的菜鳥所提的點子讚不絕口（而這點子明明是你在開會前才對她透露的）；或者當你只是隱約感覺心底有一股煩躁，慫恿著你對小孩、小狗或商店裡的店員惡言相向，這時候，就在我

們面臨選擇：是要隨著下意識直接反應，還是要控制脾氣冷靜以對的時候，我們往往成為自己最大的敵人。

我們的慣性反應模式——感受到情緒能量時的習慣性反射動作，推動著，甚至是逼迫著我們一再一再重蹈覆轍，做出一模一樣的反應，不管十秒鐘後我們是否會覺得難為情，覺得自己像個傻子。本書中的「情緒解脫術」三步驟，就是要教你學會如何從這套頑固、難以自拔的慣性模式中脫身而出的方法。從近年來神經科學的研究中我們得知，僅只是練習幾分鐘第一個步驟「覺察間隙」，就能造成顯著的改變，讓你做出較好的決定，減少犯錯次數，放棄不利的選擇。

一開始，你必須先專注在第一步驟，當你逐漸練習純熟，變成一種自然反應之後，再加上第二步驟，最後，進入第三步驟，並深入探索。到了某個階段，你會感覺到當情緒浮現時，你所學的一切對應它的技巧也幾乎同時浮現，這將會帶給你自信，這自信來自於你所受到的良好訓練，你處理情緒的經驗已經成為自己口袋裡的傲人本錢。

接下來我們就要進入「情緒解脫術」的詳細介紹，要提醒您的是，正因為是「詳細介紹」，難免看起來會有點冗長緩慢，但在實際應用這些方法時，其實整個過程發生的速度是飛快許多的。現在我們就進入第一個步驟：覺察間隙。

覺察間隙

在英國倫敦有一套地鐵系統，一套連接了倫敦和附近區域的運輸網，俗稱「水管」（The tube）。每當列車靠站，車門開啟，就會傳來錄音廣播：「請留意間隙」（Mind the gap），提醒旅客小心車廂和月台之間的間隙，以免發生意外。「留意間隙」這句話也就成了人們造訪倫敦的特殊經驗，甚至成為標語，印在 T 恤上賣給觀光客。

當你走進倫敦地鐵，踏進「水管」時，要留意間隙，才不會摔下去。當你面對情緒的時候，也要留意間隙，方法雖然有點不一樣，但當強烈的情感浮現的那一刻，如果不留意自己與情感之間的間隙，一樣很危險。

「覺察間隙」包括三部分：感覺它（Feel）、停一下（Hold）、看著它（Look）。

首先，要從「記得」開始，記得覺察、記得留意，也就是別忘了要留神、觀察，看看是誰在敲你的心門。如果你夠幸運，在煩亂情緒來襲的第一個刹那就注意到它，那就太棒了！不然的話，在入侵者已經開始大肆破壞的時候才發現它，那也不錯，總比事情都結束了，重回風平浪靜都還沒發現來得好。

以下是「覺察間隙」的使用說明，我們將以「憤怒」為

例來說明，因為憤怒是我們每個人都曾有過的切身感受，而且總令人難以招架。

情緒解脫三步驟──第一步 覺察間隙

- **感覺它**：停下來，感覺那能量，不要阻擋它，也不要隨之做反應。
- **停一下**：不要去「重播」剛剛發生的事情，也不要「快轉」到未來。
- **看著它**：看著自己的情緒，「面對面」地看著它本來的樣子，這時帶著一點好奇心是很有幫助的！

當情緒來襲時

覺察間隙：1 感覺它

「感覺」是這練習的出發點。「感覺它」是什麼意思呢？有事情發生了，你收到一封電子郵件，通知你房租要大幅調漲──這時候，你注意到怒氣生起了，就在你認出這一點的當下，你停下手邊一切事情，什麼都不做，只要感覺著它即可。不要阻擋這能量，也不要跟隨它做出反應，如此即

可，你不需多做其他任何事情，只要保持覺察，覺知著自己的感受。

當你花點時間去感覺自己的憤怒時，一切自然都慢了下來，你把注意力轉向內在，頃刻之間，你發現自己有了呼吸的空間，而不是被整得暈頭轉向，在這空間中，你會發現自己和所感覺到的憤怒之間有個間隙，一個小小的距離，這表示你和情緒是分開的，你並不僅只是那狂暴的怒火，同時也是那觀看著它的人。如果你和憤怒是密不可分的同一件事，你怎麼能看著它？

這就是「覺察間隙」這練習的精華所在，就像養成良好的開車習慣一樣。上駕訓班的時候，老師會教你要和前車保持一定的安全距離，只要養成這個好習慣，當前車緊急煞車或突然轉彎時，你就有時間踩煞車，避免直接撞上。如果你和前車靠得太近，付出慘痛代價的機率就會大增。

但這樣的方法不同於斷然地與憤怒劃清界線、拒之於千里之外，在這裡，我們要和憤怒的能量保持接觸，而且願意去感覺任何浮現的感受，從生命中煩人的瑣事，到失去所愛、恐懼、悲痛種種磨難。

例如，在美好假期的旅途中，你的伴侶一路喋喋不休地埋怨你的住宿安排和駕駛技術，就在你越來越煩躁不安時，如果你能提醒自己：「覺察間隙、覺察間隙……」就能避免

一場正面交鋒的大混戰，取而代之的是找出一條溝通之道。

有件事很重要，就是記得「你講給自己聽的故事情節」（「她真是不了解我⋯⋯」，「不管我怎麼做她都⋯⋯」）和發展出這些情節的「感受本身」（受傷、惱怒的感覺），並不是同一件事。

當你對另一半說：「我覺得你總是在批評我！」這時，你還是在「往外看」，這句話所描述的其實不是你的感覺，而是另一半的作為，像這樣的說法就是一種「故事情節」，其中或許也透露出你認為「我就是我的感覺」的想法。

但如果你說：「我感覺很生氣。」這就是「往內看」了，你離情緒的根本能量近了一些。這時候，試著把注意力轉移到身上，你的身體有什麼感覺？腦部充血？下巴或肩膀緊繃？有點暈眩或顫抖嗎？

把覺察力帶到身體的感受上，可以幫助你不再念念不忘地想著把你惹毛的那件事。放鬆，盡可能的放輕鬆。每當憂慮、擔心，以及挑毛病、評論對錯的念頭出現時，放下它們，把注意力重新帶回身體和內心的感覺上。這是需要勇氣的，你必須願意去「感覺」，就算你很想把自己「關機」。

要逃避「感覺」的話，方法多得很，有時候你會發現內心告訴自己：「我不要這種感覺，我受夠了！」然後你跑去倒酒，或一頭栽進臉書，只想找個讓自己分心的管道。或

者，出於被社會制約的價值觀，有時你會告訴自己：「這
不是時候，這不是個好地點。」或是「現在我應該強悍一
點！」

　　但你的情緒也有話要說，它們正試著要告訴你一些什
麼，如果你拒絕停下來傾聽，會怎麼樣呢？更多苦惱會應運
而生。當我們閉鎖情緒的感受，把它們鎖在地下室，希望能
得到平靜與安寧，它們會開始哭鬧，就像被關在籠子裡悲鳴
的小狗。

　　也許你會覺得：「這是哪門子的方法啊？難道我一定
要讓自己感覺糟透了嗎？這怎麼會有幫助呢？」別擔心，
「下決心去感覺它」，只是對付這憤怒情緒的第一步，你的
覺察力已經為你創造出一個空間，一個間隔，一個空隙，這
可是前所未有的事，足以提供你一個光明的前景，雖然目前
你還看不清。

覺察間隙：2 停一下

　　覺察間隙的第二步「停一下」（Hold），是讓你真正鑽
進去，好好看看「讓你坐立不安的到底是什麼」的階段。

　　目前為止，你已經讓一切慢下來，感覺著自己的憤怒，
以此扭轉了局勢，現在你要按下「暫停」鍵，這能讓你保持
在當下，你繼續感覺著憤怒的能量，停留在這體驗中，帶著

覺察力看著它，但不做反應，不隨之起舞。你既不倒帶去重溫剛剛所說的話、所做的事，也不「快轉」到未來，預想你將要暢所欲言從前沒機會說的精妙高論，只要暫停，在這鮮明的、呼吸著的當下停下來。

這時候，除了放鬆和覺察以外，就沒別的事好做了。如果你硬要做點什麼，可能就「暫停」不住了，可能就無法放鬆、寬坦，而放鬆、寬坦才能讓你真正看清楚當下是怎麼一回事。有時候你唯一能做的事，就是什麼都不做。

當你生氣的時候，你是無法真正迴避它的。就像塞車的時候，不管你多麼希望自己當初選的是另一條路，但既已困在車陣中，無論這麼一塞會讓你遲到多久，你都無計可施，什麼也沒辦法做。那麼，你的選擇是什麼呢？你可以選擇拚命掙扎，讓自己更難過，也可以選擇放鬆。

同樣的，當你剛開始練習「停一下」，或許感覺就像是塞在車陣中一樣，你一路往前衝的情緒被攔下了，但要你「減速」，卻讓你渾身不對勁。事實上，如果駕駛座上的你不是那麼坐立不安，一直想去踩油門，你是可以享受一段平靜時光的。

真正的「暫停一下」，讓自己就這麼待著、放鬆著，這樣會有什麼幫助呢？如果你能堅持與情緒的張力相處一會兒，就算是十分鐘，那也會是一個很有威力、令人驚奇的體

驗。剛開始，也許你需要獨處才能做到這一點，需要到一個可以關上門，沒有人會來打擾你的地方去練習；逐漸上手以後，不管你是獨自在家或在大馬路上與人發生爭執時，都能達成。

當你能夠觀看著自己的憤怒，而不迷失在那些只會創造更多複雜情節的憤恨念頭中，你會發現情緒自己開始轉變了、進化了，完全不需要你插手，它自然發生變化。如果你不能堅持，你就看不到這些轉變，你會錯過所有情緒的微妙變化。只有當你真正的暫停下來，才會看到這股能量變化著、轉換著，它變得更強烈，然後衰減，被其他情緒打斷，於是它的故事改變了，它不再是憤怒，突然之間，它變成嫉妒，或慾望。我們體驗到的情緒不是一個堅固、實在、持續不變的東西，它是一個不斷轉變的過程。

「感覺它」需要勇氣，「停一下」則需要耐心。這裡的耐心（patience）也就是前面提到過的「安忍」，意思並不是消極，不是在痛苦時咬牙苦撐而已，耐心（安忍）的真義是不論感受到什麼，都和這感覺共處，而不做出反應，每當感覺再度浮現，一再一再的這樣練習。而當你讓自己暫停，與情緒共處時，試著讓自己敞開心胸，試著以一種不預設立場、不帶先入為主概念的態度去體會它，不要馬上就認為它是不好的、沒有用的。

　　這整個練習的重點是要以一種友善的、巧妙的態度來對待你的情緒。你並不試圖阻止情緒的出現，不管情緒以什麼方式出現，你都讓它們自然浮現，然後看著它們，就像觀看一場表演。

　　以一種「我要好好留意觀察自己的感受」的動機，在情緒升起時，感受它，停下來看著它「跑完全程」，如此一來，我們不只有機會看到情緒的變化，也會看到自己對情緒的看法改變了。我們會發現自己對情緒的概念改變了，以前我們覺得情緒是什麼、它代表什麼……等等的標籤，也開始改變了。

　　例如，你應徵一份夢寐以求的工作卻失敗了，當你正失魂落魄、沮喪萬分時，你看著這沮喪的感覺，卻意外發現其中竟然有一絲「鬆了一口氣」的感覺，那感覺或許是因為現在你不用搬到另一個城市了，或是發現原來自己這麼想要那份工作，只是出於討好父母、讓他們為你感到驕傲的執著。就算你是真的渴求或迫切需要這份工作，持續地面對這感覺、看著它全部的展現，也有助於放下沮喪，知道如何繼續向前。無論如何，你對這份工作原本的渴望和它的重要性，都會有所改觀。

　　發現自己其實可以用這麼多不同觀點來看待同一個狀況，會幫助你發掘出自己真正渴望的事物、真正想要達到的

目標。以此方式看著情緒的發展，久而久之，你將逐漸能以一種真正開放、自在的感受，來體驗自己的情緒。

不過有時我們會感到挫折，心想：「可是我一試再試，同樣的情緒還是一再出現，實在太折磨人了。」聽起來有幾分道理，但事實並非如此。我們所感受到的每個情緒，都是新鮮的，每一個憤怒、嫉妒、激情的時刻，都是嶄新的，你現在所感受到的憤怒或困窘，和昨天、前天、或是當你十六歲時你爸不讓你開車時，你所感受的，並不是同樣的憤怒或困窘，不，這是當下嶄新片刻的嶄新情緒。

雖然「現在」的感受會讓你憶起「過去」的經驗，讓你想起過去某個時刻被傷害或羞辱的類似感受，但那個時刻已經消逝了，那些陳舊的感受不可能一輩子跟著你。你已經是不一樣的你了，你的狀況和處境都已有所改變，你現在的每一個感覺都是獨一無二，無法重複的，這並不表示過去和現在毫無關聯，或是反省過去的經驗沒有意義，反省的確可以帶來重要的領悟，但認清「相似」和「相同」之間的區別，可以帶來解脫。

今天早上的日出很美，但和昨天、明天的日出之美都略有不同，事物之間「互有關聯」但卻又都是新鮮的、嶄新的，領會到這一點，會激發起我們的好奇心：眼前這一刻，趁它還沒走，讓我們好好瞧瞧，看看可以從中發現什麼？

覺察間隙：3 看著它

「覺察間隙」的最後階段是「看」，由於你已經從「感覺」與「暫停」的練習經驗中學到很多，你對情緒的認識更深，你看情緒的視野也更清楚了，比起剛開始練習「感覺它」的新手時期，現在的你簡直就是個專家了。那還有什麼要學的呢？

現在，因為你已經受夠了被以前老套的反應模式所愚弄，因此你帶著強烈的決心，決定無論是什麼樣子的強烈能量敲你的心門，你都要面對面將它看清楚，你要直視著憤怒、慾望、嫉羨、悲傷……而不加上任何「濾鏡」。

我們知道相機的濾鏡是為了改變進光量，讓照片看起來更美，或是加上特殊效果。然而現在我們並不想讓「毀滅博士」或「怪異三姊妹[8]」看起來更美，我們既不為自己的感受塗脂抹粉，讓它們更好看一點，更溫文有禮，或更恐怖嚇人；也不要它們符合某一種社會文化的刻板印象，或扮裝成某齣好萊塢的類型大戲。我們不把任何自己的想法加諸於上，讓我們「赤裸直觀」著自己的情緒，也就是看著自己情緒赤裸裸的樣子，還沒有穿上任何概念或哲學外衣的樣子。

但這樣的觀看方式，和之前你所練習的方式有何不同呢？之前你已經發現自己的情緒並非你所認定的那樣堅固不變，而是流動變換著的，現在，不同的是，當你赤裸裸看著

情緒的感受時，你看得更深、更遠，此時你看到情緒剎那剎那變化著，同時也看到情緒之中滿是寬廣虛空——它們就像光芒的閃現，或是飲料中的氣泡，憤怒的火花這裡閃現一下，那裡閃現一下，它們升起又平息，閃爍不定，乍生乍滅，只「活」在眼前此刻，這當下的寬廣空間中。這些火花彼此雖然有所關聯，但並不相同，也不延續，每一剎那的火花都是新的。你現在了解了，不斷的變動、變形，這就是情緒的本質，情緒本是如此，本該如此。這是一個非常深刻的洞見，你和情緒的關係就此永遠改變。

這麼久以來，情緒都被誤解了，大部分人看待情緒就像看待身邊周遭的事物，大至一座山，小至咖啡杯，情緒應該就像它們一樣是堅固、不變、長長久久的東西吧？人們這麼認為。你曾經質疑過這一點嗎？你是否曾經把某個情緒放在眼前，問問它：你真的像表面上看起來那樣嗎？

通常我們會接納自己的第一印象，認為那是理所當然的，認為那就是真相。只要短短數秒，我們就能為迎面而來的路人貼上「安全！」標籤，或是有可能殺人越貨的「危險分子！」標籤。但我們的判斷標準是什麼呢？髮型？服裝？

8　怪異三姊妹（The Weird Sisters）是指莎士比亞名劇「馬克白」中的三位女巫，她們以模稜兩可的預言慫恿馬克白走上謀殺國王的不歸路。

　　除非我們真的是直覺超級準確的人物，不然我們的反應也只是依照時尚標準，或是一種對於社會階級的模糊感覺行事。這樣的行事模式，和大部分人總是一發怒就隨著怒氣反應的模式，沒有多大不同。我們從不花點時間仔細看看真相為何，否則看法可能大幅改觀。

　　例如，在超市買東西的時候，有個太太猛撞了你肩膀一下，你立刻就不高興了，心裡馬上斷定：這一定是個粗心大意、笨手笨腳沒大腦的女人，直到你一抬頭，看到她滿臉倦容，身後還拉著三個孩子。一旦發現真相，看見事情的全貌，你的厭惡感就此消失，心裡充滿了憐憫心。

　　當你能夠見到種種感受瞬息萬變的本質時，之前你為了保持覺察力而付出的努力現在都值回票價了，你的付出有了成果，你終於體會到所有情緒的真實本性、自然狀態了，這是它們真正的面貌。你看見那憤怒是如何來來去去，剎那剎那迅速交替著，領會到原來它不是像繩索或鐵鍊那樣連續不斷的東西，事實上，你還得花力氣才能讓憤怒延續下去。如果你不是一直想著那些怒氣沖沖、怪罪別人、想要報復的念頭，憤怒會消失的；如果你不「餵養」這憤怒能量，它會自然消融不見的，之後再升起時，已經是「小了一號」的憤怒了。你不妨實驗看看，試試如果拿正面的念頭（友善、慈愛、諒解的念頭）餵它，會怎麼樣？

　　「覺察間隙」的第三部分「看著它」，有兩個功用：
一、它讓你知道未來該怎麼和情緒打交道；二、它徹底轉化
你對情緒的看法。當你不再認為情緒是個持續不變的「物
體」時，你會發現它們多麼柔軟、靈活，你對待憤怒的方
式，可以像是對待一種柔軟、可變的能量一般，而不是堅
硬、不可動搖的東西，而這帶來一種解脫之感。

　　最主要的是記得：你的情緒，在它們原本的自然狀態
中，只是一種純淨的、有創造力的能量，除此無它，你可以
學習怎樣巧妙的使用它們、引導它們。

　　現在你可以用嶄新的眼光觀賞情緒的展現，欣賞情緒遷
流變化之美，就像觀賞一位了不起的瑜伽教練，流暢的展演
一系列微妙複雜的瑜伽動作，如此優美，毫不費力，如同雲
朵在空中翻湧舞動。以這樣的方式觀看情緒時，我們根本不
用強迫自己改變看待情緒的態度，因為現在你不再是急於逃
脫魔掌的受害者，而是帶著讚嘆之情欣賞一齣舞蹈的觀眾。
你已經自然的把焦點轉換到較為正面、友善的觀點，而這有
利於讓你看得更清楚。

　　這樣的技巧，你練習得越多，就會越熟練，能夠熟能生
巧的在自己和情緒之間創造出一點空間，然後看著情緒、轉
化情緒。

　　當你在「覺察間隙」時，感覺它、停一下、看著它，就

阻止了情緒擾亂你的心，把你困在痛苦的慣性反應中。所以，下次當情緒升起時，覺察那空隙吧！先感覺它，然後不隨之反應，停一下，然後看著它──看著那空隙，感受它，體驗它，看看會發生什麼。

練習

問問自己：

現在，我感覺到什麼？

就在現在，看看你的情緒溫度計。無論何時何地，不管是在上班途中、正在排隊等待繳款，或翹腳看電視，你都可以暫停一下，看看自己的情緒現在是「幾度」。有時候，我們甚至會忽略苦惱的感受，因為它們是那麼的細微，我們早已習以為常；而有時候感受又是劇烈到簡直快讓人失控。以下提供幾個問題，你可以用它們來幫助自己停下腳步，審視自己，調整方向。

❖ 我現在的情緒感覺是……我正在生氣？我正在恐懼？我正在難過？或是正在恍神中？

❖ 以 1 到 10 來標示的話，我現在情緒的強度是幾度？（1 是最弱，10 是最強）

❖ 這感覺的「質地」如何？（例如感覺鮮亮，或晦暗，或

像刀割，或顫動著）

❖ 這感覺後來就消失了嗎？或是變成另一種情緒了？

你可能會注意到，在不同時間點問的問題，會得到不同的答案，一方面是狀況不同，另一方面是情緒的「表情」實在太豐富了。

4

情緒解脫第二步：綜觀全局

重點不是看什麼，而是看到了什麼。
——亨利·大衛·梭羅（《湖濱散記》作者）
It's not what you look at that
matters, It's what you see.
—— Henry David Thoreau

　　情緒解脫術的第二步驟：「綜觀全局」，是在情緒高漲的時刻一再一再練習「覺察間隙」之後，自然得到的結果。一旦能在煩躁萬分時覺察到那空隙（感覺它、停一下、看著它），你會覺得好像跳脫了身體，忽然之間，你為自己爭取到了可以舒緩呼吸的更大空間，你有了一種「世界更寬廣」的感覺，而在這更廣闊的世界中，你的視野將能夠看到更多、更完整，更能綜觀全局。

　　身處於情緒激昂的場面中，可別忽略了「綜觀全局」，否則就會像是不看左右來車，就直接駕車穿越繁忙的交叉路口。當然，你有可能幸運地安然無恙，但運氣沒那麼好的時候，就難免撞得人仰車翻。

同樣的，當我們行經情緒洶湧的交叉路口，或路過人際關係的危險關頭，必須格外留神，以防災害發生。有時候，我們還自信的以為前方車輛稀少，路況良好，最後才發現忽略了幾個重要的交通標誌：「危險！」「路滑！」「減速慢行！」等到猛然發現這點，車子可能已經開始打滑了，只好手忙腳亂的控制方向盤，努力逃過一劫。

以開車的例子來說，所謂的「全局」是什麼呢？「全局」包括道路狀況、天氣狀況、你心中那匆忙趕路的感覺，或許還包括剛剛發生在手機裡的那場爭吵，更別提那輛躲在路邊的公路警車了。所有這一切因素集合起來，足以決定你是否能平平安安的回家，或是在車身留下一個大凹洞，或是口袋裡多了一張罰單。

全局是什麼？

「綜觀全局」意思是不再只注意單一物件——一剎那的怒火、一只破碎的花瓶……而是看到「整個場景」。你清楚看到怒氣升起的所在之處，以及周遭的人事物，就像是以廣角鏡頭拍出來的大遠景，照片中的人、事、物之間的關係和周遭景色都清清楚楚。

當我們看到一朵花的時候，那是一朵長在園子裡的野花

呢？或是皇家花園酒店裡標價三百元一朵的花？四周的環境是否影響你看這朵花的感覺？或是這朵花影響了你對四周環境的觀感？

當我們突然感覺沒有安全感，深深懷疑自己時，這時候的「全局」是什麼？如果我們能開始察覺周遭環境中的各種因素，就會逐漸看出其中的交互關聯，你不但看到自己內在的感受，也看到了外在現象的發展，也看到內外兩者交會時的感受，這就是所謂的全局，你見到了更完整、更輝煌的全面風景。

例如當你憂心忡忡，覺得很沒安全感，散步在街道上時，看見一位住在附近的鄰居迎面走來，你們從未正式打過照面，所以一時之間，你也不知道該向他點頭打招呼，還是繼續低頭往前走。那是一個對兩人來說，都有兩種可能性的時刻。但倘若你抬頭，看到的是一個友善的微笑，一陣歡喜和自信或許就此在你心中升起，這一天也顯得明亮了一些，你會毫不猶豫的向下一個遇到的鄰居打招呼。這個社區角落的友善氣氛和信任感，就此增加了一點點，而且說不定還會繼續擴展，經年累月為居民的生活帶來改變。

「綜觀全局」永遠不會只是看到單一事物，例如一個片刻或一個人，而是看到自己和周遭世界是密切相連的整體，是明白發生在任何地方、任何人心中的事情，都一定同時影

響到別人、別的事物。

對自己內在世界和外在世界之間的關係，認識得越清楚，就越有機會看清這關係中一再出現的固定模式，而當我們帶著覺察力觀看著這些模式時，會發現隱含在其中的機關──那些觸發一連串正面或負面連鎖反應的因素，到底是什麼。一旦看得這麼仔細時，你就不再那麼容易受騙了。對於眼前發生的狀況，你將能夠以更巧妙的方式回應它，而不再隨隨便便就被嫉妒、自滿……或其他在你腦袋裡嗡嗡說著傻話的情緒引入歧途，你甚至更能傾聽別人說的話，不再頑固的執著自己的看法。

調整焦點

在這第二步驟「綜觀全局」中，你試著看清現在在你眼前的情緒，那些恐懼與憤怒，試著不加扭曲的看著它們，也看看是什麼觸發了這些情緒，並試著觀察這些情緒最常出沒的是什麼場合：是在家人同聚的晚餐桌上嗎？或是在工作場合與某人共事時？或獨自一人再也沒有什麼事分散你注意力的時候？

或許你自以為已經很了解自己的情緒，簡直瞭若指掌了，但後退一步再仔細看看，或許情緒看起來就大不相同。

通常我們因為和自己的情緒靠得太近，以至於把自己和情緒劃上等號，認同自己對這情緒的所有看法，因而看到的情緒比例失衡、判斷不準。就像結束了一場朋友之間感性的促膝長談後，腦海裡竟只回響著剛剛聽到的一句氣話，其他一切都拋諸腦後，就這麼錯失了全面的、興味盎然的豐富感受。這正是「綜觀全局」的反面案例。

靠得太近的時候，看東西就失去了周遭事物的襯托和對照，很容易因此被矇騙。當然，聚焦在細節有時很有趣，甚至很有啟發性，就像看六零年代普普藝術那種放大到看得見網點的漫畫作品一樣。但我們不想止步於此，我們要往後拉開一點距離，好觀看整個畫面，看清所發生的一切到底是什麼樣貌。

一旦把焦點調清楚，我們不只看到自己的痛苦、希望和恐懼，也會看到別人當時的感受和需要。最後我們的視野更加擴展，我們看清了過去發生的種種事件，為什麼會以大同小異的方式，走到同樣痛苦的結局。

我的情緒大全圖

透過「綜觀全局」的練習，一張「我和情緒」的合照就逐漸顯影在你面前。為了洗出這張照片，我們必須好好想

想，自己的情緒有哪些常見模式。首先想一想，哪種情緒每天都會出現，動不動就冒出來打擾你？其次，想想看，哪些情緒對你來說最強烈，最難處理？並試著找出為什麼它們會讓你覺得這麼難對付。

情緒解脫三步驟——第二步 綜觀全局

◆ 當情緒浮現時，看到它，也看到觸發這情緒的誘因。

◆ 看清楚哪一種情緒，是自己最常見、最強烈的情緒。

◆ 辨認出「最初的情緒」與後來自己所做出的反應之間的不同。

如果能夠知道自己最強烈、最容易惹麻煩的情緒是什麼，特別是那種會讓自己做出破壞性行為，例如動手毆打（身體）、出口辱罵（語言）或心裡老想傷害自己或別人（思想）的那一類情緒，就等於讓自己在事故發生之前提早得到警告。

如果你完全沒有這一類會闖禍的情緒，恭喜！如果有，那麼仔細認清它、承認它（或許是複數「它們」，就像大多數人一樣，我們任何時刻都可能要面對兩三種棘手的情

緒），仔細認清它們、承認它們，是以正面態度處理它們的第一步。

花點時間自我省思是很重要的。但可別只停留在一般性的看法就算了，諸如「什麼是情緒」、「情緒如何對每個人產生作用」，這類泛泛的說詞是不夠的。此時，「一體適用」的答案沒有什麼意義，你體驗到的任何感受，對你來說都是獨一無二的，你必須深入自己的體驗中，才能帶來真正的正面改變，而要潛入深處，你必須放掉那些讓你浮在表面的概念、想法和言語。若是為了寫一篇探討情緒的研究報告給學校，那麼一篇放諸四海皆準的通論，或許可以幫你過關，但要脫離情緒造成的痛苦，只知道理論沒有太大幫助，你必須親自和自己的情緒好好打交道。

和自己的情緒打交道，就像實際和某人打交道一樣，實實在在下點功夫是必要的。不論是與老友相處，或與新朋友共同探索建立友誼的可能性，首先，必須先看清楚這個人。他有什麼特質？他的習慣是什麼？你們兩人如何互動？在得到任何進展之前，你要先認識此人，看清楚彼此的關係。

至於和情緒打交道，那可就複雜多了，畢竟我們不是只和一個雀屏中選的情緒打交道而已，我們有這麼多情緒、感受，還有許多模糊難辨、影子般的感覺——我現在的感覺是生氣嗎？還是煩躁？或傷心？或者，其實我只是在嫉妒她每

次要什麼都能予取予求？

　　一再探索自己的各種感受，最後你會對它們都瞭如指掌，那時，每一種情緒對你來說，到底是何面貌，你都清楚明白，例如：它通常什麼時候會升起、身上哪個部位感覺得到它、當你用念頭追著它跑的時候，它到哪去了⋯⋯等等，如果缺乏這些認識，是不可能讓自己從一再重複那些折磨人的念頭、言語、行為──諸如氣憤時總是批判別人、批判自己，卻把關心自己的人拒於門外──之中解脫的。

　　對某一種情緒進行「綜觀全局」的練習時，試著不要妄加臆測，也不要以理所當然的態度看待任何事，你所需要做的，只是觀照著這整個狀況，盡可能地看到形成這情況的各種因素，然後加以省思。這意思並不是要你質問事情發生的原因，然後為事情的發生找理由，替自己辯解。相反的，這練習比較像是懷抱著好奇心，很想再多知道一點，於是開始探索真相：「眼前到底發生了什麼事？這麼強的一股憤怒是怎麼升起的？我剛剛本來只是站在那裡玩手機，然後女友臉上就出現一種表情，這表情我以前見過，那表示⋯⋯她不高興了！接著我就想『天啊，我又哪裡惹到妳了？』於是，災難就這麼再一次發生了。」

　　這時，不用急著得到結論，給自己一點時間定下心來，進入那較為寬廣的視野中。這整件事可能片刻之間很快就結

束。除非受傷的雙方又想出進一步傷害對方的詞句和方法，整件事才會繼續，一回又一回演出傷感情的瘋狂戲碼。

隱而不現的情緒暗流

　　如果你是個急躁易怒的人，或嚴苛愛批評的人，或總是發呆恍神的人，對於這個事實，自己應該相當的清楚，這種情緒特質就攤在陽光下，包括你自己在內，人人皆知。但另外那些運作在你日常意識底下，細微的、被壓抑的、隱藏的情緒，可就難以察覺了，這些潛伏的情緒有時比那些受你全心關注的情緒更危險，它們就像隱藏在海面下的激流，很可能在泳客毫無戒備時，將他捲入海中。

　　平常沒有什麼戲劇化事件發生的時候，你或許覺得不再被情緒左右了，既不覺得失魂落魄，也不對人大吼大叫，更沒有生命瀕臨四分五裂的感覺，事實上，你感覺還挺好的。但就在這些時候，一股情緒的暗流，可能正間接影響著你的生活。你也不知道為什麼，就是沒有辦法擁有一種完全放鬆、舒坦的感受，似乎總有個東西在背後對你叨念不休，讓你不得安寧，它是那麼的幽微，但這隱藏的情緒可能正控制著我們的看法、想法和感受，或多或少，依個人過往經驗和情緒模式而定。

除了這些持續躲在意識底下的情緒，此外還有一條瞬息萬變的念頭之流，伴隨著這些情緒流動著，你可能很少注意到它們，但就是這些微細的聲音，讓憂慮和恐懼在心中長存。這隱密的念頭之流與情緒之流，有時會匯合成一股強大又出人意表的自然力量，就像突如其來的瘋狗浪一樣，在我們最不留意的時刻，帶來一場浩劫。

雖然這些情緒與念頭的暗流，非常難以被指認出來，但我們起碼要知道它們的存在，這是很重要的，如此才能慢慢讓它們浮上檯面，加以處理。

認出導火線，看清慣性模式

花一些時間，仔細觀察自己經歷各種不同情緒時，是如何反應、行動的，之後，你會發現其中有一些固定模式，你將能夠認出「噢，這就是我生氣時的樣子，這是嫉妒時的我、這是慾望高漲時的我……」。此時的你，應該已經對於自己的「情緒化妝師」有幾分認識了，由於清楚自己在這些習慣影響下的樣子，所以我們知道當這套固定模式運作到某一階段時，就是該求救的時候，就是尋找逃生出口的時候。

另外，認出周遭環境中，是哪些事情誘發了你的情緒反應，也是很重要的。當然，有些造成我們某種感覺的原因，

是比較間接、深沉的，不容易看清楚，但通常我們還是可以認出某些狀況，是直接引發我們情緒能量升高的導火線。

例如：是不是某種生活環境改變，或是社會事件發生，特別容易影響你呢？什麼事會讓你覺得煩躁？什麼事會帶給你安慰？什麼事讓你昏昏欲睡？什麼事又讓你振奮醒覺？

舉例來說好了：有一天下午，你和朋友出發前往你們最喜歡去的一處海灘，陽光輕灑，一切都很美好。你滿懷希望，期待著和朋友在寧靜的大自然中共度一段時光，結果到了海灘一看，卻發現沙灘上黑壓壓都是人，玩水的、衝浪的、跑步的、太陽浴的、攜家帶眷的……你的心情急轉直下，別說放鬆了，根本是一股怒氣直衝腦門。瞬間，你發現今天天氣實在太熱了，而海水又太冷，你急著想離開，但朋友卻覺得留下來挺好的，他不想走。你開始抱怨，但無法讓他改變心意，於是你開始對他的頑固大發議論（例如「你這人每次都這樣，不知變通……」），逼得他只好起而反擊，「讚嘆」你專斷獨行、只顧自己的感受這方面的天份，真是無人能及。就這樣，你成功了——你成功地毀了這一天，毀了朋友這一整天的心情，以及周遭「不得不收聽你們爭執」的人們的一天。

事實上，在這齣戲碼中，只要有一點點覺察力，就可以改變結局。如果你能在失望、挫折感浮現的當時就認出它，

也看到引發這情緒的原因，那麼，這就是所謂的「綜觀全局」，這樣的洞見能夠讓你免於情緒出其不意的突襲，從自找麻煩，陷自己於困境、僵局……等任何一條通往痛苦的老路中逃脫。

但通常我們並不記得使用這種綜觀全局的能力。每當事態緊急的時候，我們並不是先深呼吸，審視周遭，看個清楚，而是伸出手去抓取，試著找個東西緊抓不放。我們希望自己的這股能量能夠有個清楚的目標，讓它有下錨停泊之處。我們習慣要聚焦，不管是在自己身上，或是在那個挑起你情緒的人事物之上。

如果你的「聚光燈」是打在自己那被擾動的心上（此處指的是說當你沒有覺察力、毫不留意的時候），你就會跟著你的老習慣走。你忙不迭的批評自己、折磨自己，並且（或是）抱怨自己感覺多麼痛苦、氣憤或屈辱。不管是哪一種習慣模式，重點都是「我怎麼了」，而這「我」就此成為地表最耀眼的主體，其他一切都沉入背景，消失不見。

你的「聚光燈」有時是打在情緒發作的對象上，假設是個讓你火大的人，例如高價賣你一輛破車的二手車商，你當然有理由為他卑鄙、下流、無恥的行為而震怒，但如果你就此失去了覺察力，鑽進牛角尖過不去，這種一心一意聚焦在某人身上的狹隘焦點，就會成為一種癡迷，你的心陷入僵化

的迴路，被一再重複的念頭和感受組成的慣性模式緊抓不放，無法擺脫。這麼一來，麻煩就大了。這樣的情況不只是發生在人身上，你所癡迷的對象也可能是某個事物，或是某種想法、概念，例如一台最新型的平板電腦、你喜愛的政黨獲得大勝，或是「減重五公斤」。

穩定下來，自在起來

一旦失去綜觀全局的能力，癡迷地鑽進牛角尖時，我們會怎麼樣呢？我們就掉入了「怪罪」的陷阱了，不管是怪罪別人，或怪罪自己，「怪罪」這件事永遠不會幫助我們正確判斷，也不會帶來快樂和智慧，只會帶來更多迷惑、痛苦，造成更多難解的結。我們將更深陷困境，離自在的境界更加遙遠。

前面說的是焦點太狹隘的問題，但另一方面，有時我們也有完全無法聚焦在任何事物上的問題，那時我們的心就像一台晃個不停的攝影機，想要聚焦在任何東西上，只會讓自己頭暈。儘管如此，只要經過一再練習，我們就能穩定下來，逐漸的，看清全景將不再是一件難事，就算在極大的傷痛下，也是如此。

練習「綜觀全局」的體驗，讓你領會到情緒的內在世界

和外在世界之間的關聯，也讓你發現，不管面對自己的老習慣或外在事件的挑戰，你都不是無力的弱者，你再也不是過去那個迷惑不解、不知所措的傢伙了！而且還能預見自己在什麼時刻、什麼情況下最容易被挑動情緒。就算有時還是會失去覺察力，因而被強烈的情緒淹沒，你也能在事發前預知到這一點，而且此時這樣的情況已經越來越少發生了。每當你發現自己就快要「失守」時，只要記起此刻該怎麼做，以往令你無力回天的情況，如今卻令你重獲力量。

問問自己

我的情緒有一套什麼樣的模式嗎？

　　這裡有幾個小問題，讓你問問自己，為自己老愛惹麻煩的情緒拍張快照。最後，你將得到一張自己的「情緒世界」全景照片。

　　一旦你能區分出哪些情緒是需要你立刻觀照的，而哪些可以稍後處理，你就會比較容易知道什麼時候該把力氣用在什麼情緒上。

　　在接下來的問句中，方格內請用任何自己想要評估的情緒自由替換。

❖ 我多常生氣？每天一次？每週一次？

❖ 當我生氣時，我會編出什麼樣的情節來說給自己聽？比方說：「我之所以這麼氣是因為……」

❖ 我很生氣的時候，這憤怒對我來說明顯嗎？是一種立刻、直接感覺得到的東西？還是本來潛伏在背後，然後慢慢才浮現出來？

❖ 如果這憤怒很強烈，它是本來很微弱，然後逐漸增強，還是一開始就強烈到讓我覺得幾乎控制不住？

❖ 一般來說，我的憤怒會持續多久？我有辦法控制它的持續時間嗎？我可以說停就停嗎？還是說，憤怒會一直跟著我，就像趕不走的客人一樣？

❖ 我的憤怒模式，和我其他情緒的模式相同嗎？

　　以上大部分問題，都屬於快問快答式的。只要透過簡單的、直接的觀察就能回答。思索時，快速的寫下你最初的幾個想法，或是以塗鴉的方式，簡單幾筆「畫下」你的答案。

　　以後，當你把這筆記重新拿出來看的時候，問問自己：這些答案現在還適用嗎？現在情況還是這樣嗎？仔細想想，並加入你的新想法。

　　最好能花一天時間，專注在其中一個問題。例如今天好好問自己：「我多常生氣？」明天再換個問題：「通常這個情緒出現後，我會編出什麼樣的情節？」

5

情緒解脫第三步：放下放鬆

> 放下「我非如何不可」，我就有了無限的可能。
> ——老子 [9]
> When I let go of what I am, I become what I might be.
> —— Lao-tzu

　　真想要從折磨人的情緒中解脫的話，就得願意和它們吻別才行。而要和它們吻別，首先你得先認識它們，面對它們銳利的鋒芒、強烈的能量，否則，你怎麼會知道要向誰告別？要放下的對象是什麼？

　　情緒解脫術的第三步驟就是「放下放鬆」的練習，經過前面的努力，這是理所當然的下一步驟，一點都不令人意外的結果。

9　依《道德經》英文譯本，這句話出自第三十四章：「以其終不自為大，故能成其大。」按王邦雄教授在《老子道德經的現代解讀》書中所釋：「就因為道體沖虛，所以妙用無窮，它沒有自己，反而可以無所不在，有如水一般……」。（遠流出版社，2010 年）

97

經過「覺察間隙」和「綜觀全局」的練習，你已經有了相當大的進步了，學會了許多面對強烈情緒能量的方法，知道怎麼在來勢洶洶的情緒和自己之間創造一道空間，也學會了（或正在學習）認出情緒觸發自己重蹈「壞」習慣（也就是事後會讓你後悔，但是你又緊抓不放的老習慣）的關鍵點在哪裡。

學會這些技巧，改變了你看待情緒的方式。原來它們並非骨子裡就是壞胚子啊，相反的，它們是有用的好物，飽含著正面的可能性。你會發現「覺察間隙」和「綜觀全局」讓你不再老是受困於那黑暗、痛苦的處境，當你急需逃生時，它們會引導你衝出濃煙密佈的「災難」現場。

所以，現在你已經準備好了，可以直接對那搧風點火、引發慣性反應的能量下手了。

有句話大概是這麼說的「你要讓它去，得先讓它來。」（You have to let it come to let it go.），當我們練習「覺察間隙」的時候，就是「讓它來」，這樣你才能「看清楚」它是什麼，最後你才有辦法「讓它去」，放下它。「讓它去」並不表示你要回顧過去，和它感性的話別一番，然後才放它走，而是真的邁步向前，繼續前進，你會感覺呼吸舒暢多了，有一種真正的如釋重負之感。

話說回來，你要讓什麼東西走呢？也就是說，你要放下

的是什麼呢？而這樣的「放下」和想要阻擋情緒、擺脫感受的作法，又有何不同呢？一方面，你要放下的是負面情緒，也就是那些造成你焦慮、悲傷的感覺，另一方面，你要放下的是自己對這些強烈感受的慣性反應——試圖停止它們、隱藏它們，或改變它們的習慣。當你已經準備好，也願意視情緒為創造力十足的能量，這時所謂的「放下」，就只是讓捆綁這能量的繩結鬆開來罷了。

當我們用習慣的反應模式，把一股竄升而起的能量緊抓不放，想要把持它、以某種方式操控它時，這能量就打結了，變得糾結了。以憤怒為例，當我們生氣的時候，我們是有選擇的，我們可以選擇像往常一樣試圖控制它，也可以選擇單純的讓它來，隨它去。你把這股本來自由流動的能量抓得越緊，越是將它扭來扭去，想要擺佈它，它的結就打得越緊，身心的焦慮與壓力也就越大。

在第三步驟「放下」的練習中，重點在於密切關注自己體驗情緒的過程，不管是身體或心理的體驗，越是觀照它，越去覺察它，越有力量將那被捆縛的能量釋放。所以「放下」其實是和「阻擋情緒」完全相反，「放下」是歡迎情緒進入你的生命的開始，而且是歡迎它們以其原本的樣子，以那清新、原初的、創造力十足的能量，進入你的生命，如果你任它們以本來面目而來，它們也會自動的離去。在一切都

是開放、寬廣、充滿可能性之中，體驗過一陣高張力的強烈感受之後，你還是可以繼續呼吸。

讓我們好好下定決心

只是心裡想想「我要放下這些負面情緒，真的！我願意放下。」是很容易的，要做到可難了，你必須堅定志向，下定決心，否則無法實現。因此，若能提醒自己，過去你對待情緒的那種神經質的方式是多麼具破壞力，是很有幫助的。讓自己記得它曾在你生命中造成多麼巨大的負面影響，傷害了多少人。

想想看，任由憤怒將自己吞噬有什麼危險呢？憤怒如火，能在剎那間燒毀你所有美好的素質，在你焦躁、狂暴、怒火中燒的時刻，你可能搖身一變成為一個自己都不認得的人。你會失去正常的心智，說出你從沒想像過的話，做出你從沒想過會做的事。一句刻薄的話語，一場對吼的衝突，或是一個耳光，你就毀掉了多年來苦心經營的一段感情。

如果這樣還不夠慘的話，再想想看，憤怒甚至會毀了你的外貌呢。不管你自認為穿著多麼美麗、體面，當你咄咄逼人的時候，沒有人會覺得你好看。你的名牌衣著、酷炫飾品、時髦打扮，突然之間都失去了替你加分的作用，而且你

失去的不只是動人的外表，也失去了一顆良善美麗的心靈。

在所有的情緒之中，憤怒的破壞力最強大，但其實每種情緒所帶來的痛苦和折磨都各有特色。太多的慾望讓我們內心充滿飢渴，反而失去享用自己夢寐以求之事物的能力。嫉妒把我們變成一個小小的偏執狂，總是費盡心思想要贏過競爭對手，然而每個人都可能是我們的對手！ 我們羨慕別人的天分，討厭看到別人成功。而驕傲讓我們自我膨脹，覺得自己比別人優越多了，高高在上，屬於人生勝利組，只顧著自我陶醉，對那些「低低在下」的人不但沒幫助，甚至根本很少注意到他們的存在。

這些情緒可能只是短暫「上身」的心理狀態，但也可能是代表我們的鮮明特色，就像我們穿的衣服，開的車。其中某些情緒，本身或許不是完全糟糕透頂，但卻有可能挑起其他情緒，觸發連鎖反應。

一旦我們對這些負面情緒潛藏的破壞力，終於有了深刻的切身感受，或許就有了動機想要嘗試新作法：放下，不再緊抓著這些感覺，讓它們去。試試看，反正不喜歡的話，隨時可以回到以前神經質的老習慣；以前的老習慣不會一夕之間就消失的，不用擔心，你隨時想回去找它們，它們一定都還在那兒等著你。

有個簡單的小方法，可以讓你淺嚐一下「放下」這個瘋

狂的點子，那就是：改變一下你每天一成不變的作法。例如，假使你每次上餐館都只點漢堡，看電影只看動作片，出門必帶手機，下次就來點不同的吧！點一道墨西哥捲餅、到劇院看表演、出門的時候刻意把手機留在家裡，試試感覺如何？就算只是跨出這麼一小步，都能帶來一種解脫的感覺。

同樣的，你也可以至少試試看：當所有的直覺都告訴你這次確實應該緊抓著憤怒不放，你卻選擇放下它，讓它去。何妨一試，看看感覺如何。告訴自己：我要好好試試看這個方法！下次情緒發作起來的時候，我一定要記得用「情緒解脫術」！我要「覺察間隙」，然後試著「綜觀全局」，然後開始學著「放下放鬆」。

這是個好的開始，但同時也請記得，你是不可能馬上就百分百放下所有負面情緒的，如果你期望一次就全部放下它們，你會失望的，因為那是不可能的事。但也不全都是壞消息，好消息是，有朝一日你一定可以達成所願，但不是馬上，而是要一步一步來。

第一次試著放下具有破壞力的情緒時，例如憤怒，你至少能釋放掉一些憤怒的能量。下次憤怒再升起時，再多釋放一點點。嘗試到第三次時，你能釋放的更多了。每一次放下憤怒後，剩下的憤怒強度就減弱了一些，當下次憤怒捲土重來的時候，已經是個大不如前的憤怒了，它變得比較沒那麼

霸道，也比較可駕馭。這樣練習一段時間後，被憤怒激發的反應開始消散，像氣球消了氣一樣，和情緒打交道變得可行得多。這是一個我們可以達成的目標，一個美好的目標。

儘管如此，就算已經練習了好一段時間，不管你多麼努力，憤怒還是會殘留下一些痕跡。到了這階段，憤怒的情緒就像香水用完了，但還留在香水瓶裡的餘韻一樣。就像這樣，某個情緒雖然已經幾乎消失，這股能量的殘痕還是會以一種生了根的慣性形式停留一段時間，這就好像戒酒或戒菸成功後，儘管已經不再有癮頭，時或不時，還是會有一絲渴望或衝動，只不過那已不足以讓你採取行動了。

放下負面情緒的練習有兩個層次。一開始，你先逐步放掉最顯而易見的那些情緒能量，一旦嫻熟此道，你就能進行微細層次的放下練習，如此一來，最後連那些殘留的「餘韻」也會消失。這整個過程是需要許多時間和努力的，但是能讓你解脫情緒帶來的直接痛苦，還有惱人暗流。

放下的開始：五感的練習

就像「情緒解脫術」的前兩步驟一樣，第三步「放下放鬆」也是從回到當下，保持觀照開始，其中有一種活在眼前此時此刻的感覺，不管你此時身在何處，不管是在自己房

間，還是大賣場。如果你的心正在四處飄蕩，正在上演「時空穿越劇」，或是正在做白日夢，請把它帶回地球，把你的注意力帶回當下，此時此地。

接著，當你覺察到情緒出現時，試著和周遭世界產生連結，不要只聚焦在那情緒的強烈感覺以及洶湧的念頭上，怎麼做呢？把注意力轉向感官接觸之處。問問自己：我眼睛現在看到什麼？耳朵聽到什麼？聞到或嚐到什麼味道？身體感覺到什麼？花點時間把注意力放在微風的清涼、日光的溫暖、座椅軟硬的感覺上。

去連結上這些體驗，這樣就就夠了，沒有什麼別的事需要做，只要聚焦在某個感官上一會兒，一個聲音，一個物體⋯⋯不用在這體驗上添加什麼，不用去想它，不用去貼標籤說它是什麼，也不用去評斷它。如果有念頭浮現，很好，沒關係，不要追隨它即可，任它去，回到你單純的焦點上。

這和記者採訪時所做的工作很像，一位優秀的新聞記者，就只是單純的觀察著事件的發生，然後把它寫下來，他不會跳進去涉入事件的進行，他不會問出誘導性的問題，不會故意引導對方說出證明自己觀點的答案，他有著一個態度開放、不偏不倚，但觀察入微的心。這是這份工作的要求，除此以外不需要多做什麼。

把注意力轉移到感官的體驗上時，會發生兩件事。首先

你的焦慮不安會逐漸平復，你覺得平靜了一些。同時，你打斷了情緒往前猛衝的動能，幫助自己創造出了「覺察間隙」的體驗，而這體驗是你一開始就在追尋、想要切入的，這樣的「空隙」可以為你多爭取到一些時間，甚至可以避免那負面情緒進入完全爆發的階段。

不僅如此，與感官體驗的連結幫助你放鬆心情，有種單純活在當下的感受。這甚至可以當成一種禪修。如此一來，感官的覺知就像車上的避震器一樣，避震器可以保護車輛免於駛過路面的坑洞時太過顛簸，感官覺知能減緩一些情緒撞擊的力道，讓你少吃一點苦頭。

情緒解脫三步驟——第三步 放下放鬆、隨它去

- 放鬆身體——回到身體的感官上，去感覺自己的身體、呼吸。
- 放鬆你的心——當感受來時讓它來，感受走時隨它走，不要緊抓不放。
- 放下那個「放下的人」。

放下的方法：1 放鬆你的身體

連結到感官體驗以後，下一步是要和身體相連。通常我們被情緒淹沒的時候，會完全忽略了自己的身體。所以，現在我們要把注意力放到自己身上，但這個動作非常單純，不要想太多，只是單純的讓自己感受身體裡面的情緒能量。除此之外，不用在這些感受上額外添加什麼，不需要讓自己變得太有自我意識，想著「嗯，這身體很不錯」或「這身體很糟」，或「健康」、「不健康」等等我們對這身體常有的念頭。試著把這些想法、標籤、判斷都放開，單純感覺著身體此刻的感受，安歇在這個感受之中，讓情緒的亂流得以平息，然後放鬆。

以這樣單純、直接、非概念的方式與身體連結後，你就能開始放鬆了。身體的放鬆不只能讓你把情緒看得更清楚，也有助於釋放掉緊繃的情緒能量。大部分時間，我們其實都沒有真正住在身體裡，我們對身體的認識都是透過自己貼上去的標籤，我們戴上了各種標籤作成的面具，所以當我們照鏡子的時候，看到的是一張面具：美、醜、討人喜歡、不討人喜歡等等。這是一張概念的面具、評斷是非的面具。我們嚇唬自己，因為忘了自己戴著面具。某方面來說，我們從未看到藏在層層標籤偽裝後面的自己，我們從來沒有如實看到

身體平常的、本來的樣子，沒有被念頭修整過的樣子。

　　當你能丟下所有標籤，不帶評斷的看著自己的身體時，你對身體會有完全不同的體驗，你開始看見真實的自己，面具後面真實的身體。這是一個很深刻、微妙的洞見，為你帶來一種寧靜祥和之感，以及較為樂觀的觀點。你不再總是把那些關於身體的種種概念和情緒波動當成自己，你看穿了標籤和評斷帶來的迷惑。每逢焦慮不安的時刻，如果能記得覺察自己的身體，身體的覺性會及時將你從懸崖邊緣拉回來。

　　不管是什麼樣的情緒來襲，你可以在身體內感受它，然後藉由呼吸放下、放鬆。記得，釋放掉身體裡的情緒能量最容易的方法之一，就是深呼吸幾次。當你需要透過身體釋放情緒時，一輪深呼吸就能帶來很大的效果。

　　某些運動，像是瑜伽和游泳，也有幫助。瑜伽對體內能量的流動有所助益，舒緩強烈情緒造成的僵硬、緊繃。但如果無法做這一類運動也沒關係，我們可以進行「身體的覺察」練習，這是不管靜靜坐在家裡、躺在草地上看著天空，或在公園散步，都可以練習的，就算在洗碗或看電視，也不例外。

　　禪修的練習，對於急需放下躁動情緒的時刻，特別有幫助。通常我們都會認為禪修只是一種心理的練習，其實它也是身體上的練習，諸如呼吸和身體姿勢，都會運用到。（關

於如何禪修,在後面「進階練習篇」中,會有更詳細的介紹。)

然而,不管你是在做運動、練瑜伽、禪修,或單純只是記得暫停片刻,呼吸,放輕鬆,都要繼續保持覺察,去覺知你身體和內心所感受的一切,這是很重要的。當你釋放那些被閉鎖在體內的情緒能量時,還是要覺察著內心的體驗,和它密切相連。否則,肢體的運動就變成只是另一種讓自己分心、不再注意情緒的方法。這不叫「放下」情緒,這叫「迴避」情緒,拒之千里之外。要放下一個東西,首先你得靠得夠近,足以掌握它才行。

放下的方法:2 放鬆你的心

下一步是要在心裡釋放掉情緒。就像剛剛放鬆身體的第一步一樣,首先要像一個優秀的新聞記者,仔細觀察情緒在心裡的感受。每當你注意到有個情緒正在煩你,只要認出它是什麼,然後去體驗它的能量即可。近年來心理學與神經科學方面的研究指出,光只是「給情緒取名字」這個動作,例如說它是「憤怒」、「悲傷」或「擔憂」,就足以削弱它的強度了。這麼一來,你就有機會把它看得更清楚。這個貼標籤的動作並不是要把事情搞得更複雜、更做作,你只是要告

訴自己這個情緒是什麼而已，例如「我在生氣」即可，不用繼續發展出更多念頭，像是「這樣生氣是好的」、「這樣生氣是不好的」、「我應該要趕快停住，不要再氣了」等等，換句話說，就是不要再長篇大論下去。

一旦指認出是什麼情緒後，只要看著它有什麼樣的質地，看著它如何展現。如果那是慾望，看看自己是否躁動不安？是否念頭奔馳潮湧？這慾望傳達出什麼訊息？你怎麼回應這訊息？不管發生什麼，只要去感覺它、覺知它、承認它即可。你不需要一次就想看清這一切，只要每次一有情緒升起就看著它，觀察它，讓自己很警醒的覺知著自己所體驗到的東西。

一旦清楚的覺知到情緒時，就不要再貼標籤上去了！不要用念頭抓著它不放。你貼越多標籤，就會編出更多複雜的故事情節，然後你就會對這情緒更執著。如此一來，你和情緒之間的「間隙」反而越來越小，你那情緒化的心就會越不安、越迷惑。

所以不要貼標籤，任隨它去吧。「隨它去」是「放下」的另一種說法。一個情緒冒出來的時候，讓它來；它要改變的時候，讓它改變；它要走的時候，隨它去，讓它消融在開闊的空間中。這時候，你感覺到的不是一片空白或空虛，反而可能是一種如釋重負、鬆了一口氣的感覺，以及一種鮮活

的存在感。這整個過程所需要的，是你的時間和耐心，慢慢來，沒關係。

不過，到了某個階段，你還是得在那些隱藏的情緒上面下功夫。怎樣把那些被壓抑的情感釋放掉呢？在把它們放走之前，必須先找到它們，好好端詳端詳，看看它們是什麼。

打開心門，深入觀察那些被壓抑的情感，這有點像是走進一個擠滿人的房間，去尋找一個你也不太認得的人。看著內心的時候，有各式各樣的情緒和想法嗡嗡作響著，聊天的聊天、抱怨的抱怨，各司其職，一開始還真難找到你要找的對象。因為你要找的情緒都很害羞，不願輕易讓你看見它們的面貌，或它們的祕密，但你還是得想個辦法去接觸它們。你可以問自己一些問題，比如：「有什麼樣的情緒是我特別想躲開的？我用什麼方法躲避，不讓自己感受那些情緒？此時此刻我壓抑著什麼情緒嗎？」用這些問題去勾引藏匿的情緒出洞。

如此一來，你就可以回顧過去，看看自己能否從過去得到更多發現──過去，你一直在逃避什麼情緒？什麼時候開始的？怎麼開始的？最後，你會更了解自己的面貌，並感謝自己的智慧和勇氣讓你堅持下去，獲得這個大發現。

放下的方法：3 放下那「放下的人」

「放下」到了這個階段時，就只剩下最後一件事要做了，那就是：放下那個「放下的人」。這代表你可以更進一步地放鬆，現在可以把那個一直對自己緊盯不放的額外努力也放下了，你可以放下對於「我」的執念，是的，就是這個「已經很會覺察間隙」的我、「已經學會把全局看得很清楚」的我、「多麼勇敢的放下那些惱人情緒」的我。

當你已經不再執著「我就是那個放下的人」這想法時，你將以一種非常細微的方式轉化情緒，你把過去那個一直嚴厲評判著你、時刻警惕「盯著自己如何觀察情緒」的部分，放鬆開來了，那部分也就是那「雙面人」似的「覺性」，它是那自覺的觀察者，同時也是你一切言行的執行者。

當你能夠將它深深的放鬆開來時，你會發現，「被困在自己偏執的情緒模式中動彈不得」的情況，其實就像把一條蛇打了結似的，只要你放下那條蛇，一鬆手，牠很輕鬆的就自己把結解開了。不讓這個「蛇結」解開的唯一方法，就是緊緊地抓著牠。同樣的，一旦你決定要放下一個讓人痛苦的情緒時，那情緒純淨的能量會自然而然的把自己的結解開，因為究竟來說，情緒會自己來，也會自己離開的。沒有人能夠從情緒手裡把你救出，讓你自由，包括你自己。

但同時，沒有別人能夠讓你得到這個領悟，只有你自己；也沒有別人能替你下定決心，轉變自己對待情緒的態度，只有你自己。所以，現在該是面對這問題的時候了：「我願意讓這個結自己解開嗎？」

問問自己

情緒在我身上，造成什麼感覺？

當你清楚感覺到情緒出現的時候，試著這麼做：

不管出現的是什麼情緒，把注意力轉移到自己身上，回到這身體的基本存在上。接著開始「掃描」一遍全身，從腳底到頭頂，或是從手指、腳趾往內掃描回心間，重點是要去感覺看看情緒在身上造成什麼影響，影響哪個部位？一個負面情緒往往會在身上引發廣泛的症狀。一再一再的仔細觀察看看是什麼症狀，是否有所改變：

❖ 我身上緊繃嗎？什麼部位緊繃？

❖ 我的呼吸是不是很淺？很急促？

❖ 我是不是在顫抖？或有點搖晃？臉是不是脹得通紅？

❖ 感覺焦慮嗎？胸口很緊？頭部脹痛？

一旦注意到自己身體的狀態，有一些方法可以幫助你放

鬆，釋放掉鬱積在體內的能量。比方說，假如你發現自己緊咬著牙關，就把覺知力帶到那個部位，然後深深的吸氣、吐氣，有意識的將一種開闊、放鬆的感覺帶到那個部位。

放下的呼吸法

❖ 回想不久前的一次惱怒的經驗。

❖ 讓自己回到那個時刻，直到你感覺當時的情緒又再次浮現了。

❖ 這時就深深的吸氣，把心專注在那吸入的氣息上，同時放鬆身體，別急著呼氣，輕輕的把氣憋住一會兒，然後吐氣，讓它去。

❖ 就這樣重複幾次，感覺一下，看看你的感受有什麼改變。

6
念頭與情緒

很少人是真的用自己的眼睛去看，用自己的心去感受。
——愛因斯坦
Few are those who see with their own eyes
and feel with their own hearts.
—— Albert Einstein

　　能堅持到這一章，表示你已經學會了「情緒解脫術」的基本功，已經開始練習解脫情緒的招數了，經過漫長的過程，如今你對自己的情緒所知甚多，也知道怎麼讓自己從老習慣的威脅利誘中解脫。你所需要的方法一應俱全，同時你也知道那些方法對你為何有用，以及如何產生作用。現在，我們可以直接跳到「快樂結局」——你發現情緒是一種創造力十足的能量，你所有的問題因而都消融了，你的人生因此開啟了一道大門，通往各種嶄新的可能性。就像英國詩人拜倫在詩中歌詠的：「起舞吧！讓喜樂盡情綻放吧！」

　　不過，在到達快樂結局之前，且讓我們先來仔細看看「念頭」和「情緒」之間是怎樣攜手合作的，而「貼標籤」

這回事，又在其中扮演了什麼樣的角色。

　　這一個章節有點像是加修一門「實驗室」的學分（Lab session），研究的重點著重在你最重要的工具之一：「覺察力」。這工具你使用得越嫻熟，就越能看清楚自己是如何思想、如何感受、如何採取行動，不管是在心如止水的平和情況下，或是內心正如砲火四射的對戰沙場，都能透過高倍數的覺察力顯微鏡精細觀察心鏡影像。

　　想見到情緒的真面目，只研讀專家寫的書是不夠的，我們必須親自去測試自己所學的一切，看看結果如何。所以，當情緒驟然降臨時，趁它們還是生猛有力的時候，迎向前去吧，看看在「測試」之下，自己如何反應，譬如說，當我們失去工作、度假時得了流感、最好的朋友搬到遠方去了……這些時候，我們會徹底崩潰，或試圖把其他人搞得也很慘，來讓自己覺得好過一點？

　　出自親身經驗所採取的行動，會比透過想像（或猜測「可能是這樣」或「如果這樣的話」等等）而做出的行為，來得及時、恰當得多。

念頭標籤

　　觀察自己的念頭時，如果觀察得夠久、夠仔細，你會發

現其中有種一再重複出現的模式，那就是：不管見到什麼，你的心會立刻製造出一個標籤給它。

當你看著一個 3D 立體的真實事物，例如一朵玫瑰，或只是心中出現一個意象，例如記憶中某個情人節送給心上人的一朵玫瑰花，只要那物體一出現，你的心立刻就會說：「玫瑰！」

追根究柢，我們的所有標籤都只是念頭而已，單純只是個概念：花、桌子、iPad、蘇珊、休旅車……每件事物都有它的名字，掛著標籤。有些是我們自己想出來的，有些是我們學習來的，也就是所謂的「常識」，是文化和語言的一部分。不僅如此，在這基本的標籤上面，我們飛快的又加上其他念頭：好的、壞的、對的、錯的……沒一下子，你的「朋友」與「敵人」的標籤也製作完成了，你忙著下判斷、定是非，籌劃下一場聚會，以及整個人生，所有這一切全都離不開這些概念。這些標籤變得越來越能言善道，它們聯手編排了一齣扣人心弦、難以抗拒的大戲，讓你深深入戲，忘了其實自己就是編劇。

舉個例子，有天你遇到一位新鄰居，心想：「這是個好鄰居，這位新來的鄰居山姆先生真是個好人。」於是，你有了「好人」這個標籤，還有「山姆」這標籤，這個渾然不知你在想什麼的人。

山姆的外表有些特徵：高個子，瘦瘦的，戴眼鏡，棕色短髮，可是，你所謂的「好人」這個東西在哪兒呢？並沒有一個寫著「好人」的牌子掛在山姆的額頭上，「好人」只是你的一個念頭，一個當你和山姆初次見面時，由於某種因素所觸發的念頭。

製造出這樣的標籤之後，接著會如何呢？接著你就把山姆這個實際的人物和你這「好人」的念頭混在一起了，兩者之間的區隔變得模糊了，下次你一見到山姆，立刻就會再次想起「好人」。突然間，「好人」和「山姆這個人」之間再也沒有分別了，你已經在新鄰居身上蓋上了「好人」的標記。想像一下，如果某天你發現山姆先生做了壞事，例如偷東西，或是踹狗，你會多麼驚訝？你可能會覺得活不下去了——這樣的一個「好人」怎麼可能會做壞事呢？

不過，如果自此以後，你就認為山姆是「壞人」，那也只是換個標籤而已，並沒有釐清任何事實，你只是製造出另一個新標籤，強貼在山姆先生身上，死心塌地的認定那就是事實。

想想看我們每天製造了多少標籤？想想看它們對我們造成多大的影響？我們的這些標籤，似乎永遠都影響著我們對待別人，談論別人，看待他們的朋友、財產、成就⋯⋯的方式，同樣的，我們也以相同的方式對待自己。當然，有些標

籤還算貼切，但無論如何，一旦事態不符合我們心中的預期，就讓我們不安。我們甚至可能完全失控，完全無法應對眼前的局勢，而這全都因為我們的標籤和被貼標籤的事物本身「無法吻合」。

因此，在我們面對情緒的過程中，有件很重要的事，那就是鬆脫我們的標籤，鬆開我們對標籤的執著，不要再對它們的真實性深信不疑，相反的，我們要養成質疑它們的習慣。不必給這些標籤特殊禮遇——難道只是因為它們在我們心裡浮現，就值得我們禮遇嗎？不，不管這些想法只出現一次，或是一千次，都是一樣。

我們要留意這些標籤控制我們的力量，以及這力量是如何在這一生中不斷影響我們，甚至影響我們的整個社會。這是很重要的。

練習

問問自己

我的情緒是怎麼變化的？

（以下 方框 請自由代換成你想要探索的情緒）

❖ 生氣 的時候，通常我最先覺察到的是什麼？

❖ 當我認出那是 生氣，並且為它貼上標籤的時候，會發生
什麼事？

❖ 為那感覺貼上標籤，會改變我對它的感受嗎？

❖ 如果是的話，什麼東西改變了？是情緒本身改變了嗎？
或是我感受它的方式改變了？

❖ 當 生氣 消失的時候，我是怎麼發現的？

所有這一切都發生在你心裡，所以任何時間你都有絕佳
的機會去看個清楚，只要停下手邊正在做的事情幾分鐘，看
看你的心。每天只要撥出十五分鐘，讓自己慢下來，思維一
下這一類的問題，就大大有助於看清並緩解惱人的情境。

如果一時沒有答案，也不用擔心，最重要的是要練習看
著自己的情緒，持續練習下去，就會越來越容易。

放下標籤

看到自己的念頭和愛貼標籤的心是如何運作之後，你的
視野將超越情緒的表面狀態而看到更多，你會看到，原來我
們在人事物之上所投射的標籤，會把我們扯離直接的體驗，
這些標籤在我們和世界之間建立了一道鴻溝似的東西，你從
此不再去認識真正的「山姆」，也不用讓他認識你，兩人就
這樣被定型了（別忘了，他也在你身上貼了標籤）。這種貼

標籤的習慣一旦走火入魔，我們會發現自己被孤立了，不但切斷了和他人的聯繫，也切斷了和自己那創造力能量之間的聯繫。

想要重新找回那種直接的感受，和自己的鮮活能量重新連上線，我們就必須超越標籤。貼了標籤的情緒，就像是加工過的垃圾食物一樣，充滿了人工香料和色素，「吃」起來可能比較順口，但比起沒加工過的、「原味的」情緒，這些加工情緒空有熱量，卻沒什麼營養。

值得慶幸的是，情緒和加工食品有所不同，情緒就算加過工，它們的本質還是原封不動的保留在其中，所以任何時候，你都可以重新找回情緒的鮮活體驗。

關於這種原始的感受，只要我們稍微深入探索，就會多認識它一些。你會發現，當情緒最初浮現時，它是赤裸裸的，就這麼出現了，它身上沒有任何標籤，沒有「名牌」讓你辨識它的身分，也沒有一個寫著「我是憤怒」、「我是慾望」、「我是好東西」的對話框跳出來，它只是一個純粹能量的體驗，就像幼兒身上那種天真無邪的能量，有時候睡得好安詳，甜甜地微笑著醒來，一眨眼卻又大哭大鬧，快把屋頂給掀了。

如果你不了解這股能量，不知道怎麼直接面對它，你起碼可以控制它，就像面對滿屋子吵鬧的幼兒時，你可能會採

取的手段——把玩具都收起來，打開卡通頻道，控制住那股能量。

　　同樣的，我們會把自己生猛的情緒能量，轉成「概念版」的情緒。每當那赤裸無飾的情感一出現，我們就貼上標籤，於是它就微妙的改變了。情緒一旦摻雜了標籤，感覺就有點「走了味」，它穿上了我們強加給它的概念外衣，開始感覺有點造作，有點假，不管那是一種什麼感覺，它再也不是與你初次相遇時，那原本純淨無染的東西了。

　　原始的感受和貼了標籤的感受，這其中的差別，就像是原味可樂和櫻桃可樂之間的差別，當然，兩者都是可樂，但就是不一樣。要製造一瓶櫻桃可樂，就得改變原味可樂的味道，這麼一來它就再也不是道地的原味可樂了。我們要追求的應該是道地的原汁原味——原味的情緒，而不是櫻桃口味的情緒。

問問自己

情緒會改變我的想法嗎？

❖ 當我生氣（或嫉妒，或慾望升起）的時候，我是不是會
認為別人具有某些新的特性？

❖ 我在別人身上看到的特性，其中有多少是真正存在那人
身上？有多少只是我的投射？例如，有時候我覺得表哥
（或我的理財專員）真是個為我著想的大好人，隔天又
認為他是個自私自利的混蛋。

❖ 生氣的時候，或快樂的時候，會改變我對自己的看法
嗎？

好好想一想

想想以上的問題，每個問題花五到十分鐘進行書寫練
習。你可以坐下來一次寫完三個問題，也可以一天只選一個
問題，連續寫個幾天。

你也可以……

想想以上的問題，然後寫一則一百四十字以內的（只給
自己看的）臉書貼文。

　　如果我們的概念、標籤與事實吻合，那就天下太平了，可惜情況並非如此，因為我們講給自己聽的故事，和真正發生的事實總是有落差，我們因此而錯亂、迷惑不已。有時我們甚至覺得自己所投射的概念完全合情合理，但那其實不是重點。如果你真想了解這些情緒帶給你的經驗是怎麼回事，如果你想為長久以來的困境找到真正長遠的解決方案，就必須放下你的標籤（或者，至少放下對於這些標籤的盲目信仰），只有當你放手讓情緒保持原貌，不加入任何人工添加物，你的情緒才會顯露出它的美，和它那天然的智慧。

迷惑的產生

　　我們的錯亂，我們的迷惑，是這麼來的：從一開始，當我們把腦袋裡的標籤（念頭）和被貼標籤的事物（玫瑰花，或鄰居山姆）混為一談的時候，我們就製造出了「第一代」的誤解。從這一團混亂之中，又生起了第二代的情緒和第二代的標籤，這樣的過程一再自動重複進行，第二代的情緒和標籤，又成為第三代的基礎……最後一切就變得複雜無比。

　　如果你回頭看看「第一代」的體驗，拿它來和「好幾代」以後的結果相比，會發現兩者根本沒有相似之處。到最後，你或許繼續與這難纏的情緒苦鬥，但卻絲毫沒有更了解

它一點。你並沒有接觸到自己的真實感受，甚至根本搞不清楚最初造成衝突的問題點到底在哪兒。

中國四川有個市集以其獨特的吵架方式聞名，兩個人之間一旦爆發了爭執，圍觀的路人就算不清楚他倆到底在吵什麼，也會很快的選邊站，跟著吵起來，兩邊人馬互相攻擊，爭執不休，就算最早的兩個當事人吵累了，回家了，其他人仍舊吵個沒完。這場風波會隨著選邊站的人群越來越多，而逐漸擴散，人們彼此叫罵、嘶吼，在空中揮舞拳頭，甚至第一批參與吵架的路人也累了、回家了，其他人都還繼續吵下去！到最後已經沒人知道當初是為何而吵、為誰而吵。

情緒的演變過程就像是如此，但我們對這過程渾然不覺，還以為從頭到尾都是同一回事，以為那情緒都是同一股牛脾氣，或同一股壞脾氣，沒改變過，不管中間經過多少時間，受到多少看法的左右。除非我們在情緒這課題上下足功夫，有能力看穿這一套技倆，否則我們的標籤和概念會繼續把我們要得團團轉。

看清這一點以後，你會發現這些標籤根本不是在幫助你，根本不值得信賴。唯一的例外，是那隨著情緒而立刻出現的第一個念頭，例如，當你感受到一股新鮮的「憤怒」出現，並給它一個概念的標籤：「我生氣了」，在這情況下，指認出情緒可以幫助你在它失控之前放下它。這一類快速、

直接的念頭，有助於我們釐清情緒、認識情緒，但如果你任由念頭恣意紛飛，一個疊一個，就會失去和最初的情緒之間的聯繫，再度跌入昏頭轉向的迷惑中。

打破這種根深柢固的習慣，是要一步步慢慢來的，不要期望自己馬上就能完美達成。經過「情緒解脫術」每一階段的練習，我們會慢慢轉化自己對待情緒的態度和方法，當然，如果你想一開始就抱持著「情緒是創造力能量」的觀點，而非「無用的廢物」或「可回收再製的廢棄物」，也並無不可，只不過這時候你的觀點還只是個美好的理論，一個知性的概念，直到你將它化為切身的體驗為止。

這過程是需要時間的，但是你所投資的時間會獲得極大的回報，只要你堅持下去，你會驚喜的發現，以前讓你跟蹌失足的場面，如今你內心平靜多了，穩定多了。

另外，你還會得到一個美好的「副作用」：你越能如實的看著情緒的本來面目，就越容易找回內心本有的溫柔良善，與它重新相連。

問問自己

我的念頭和情緒之間是如何互動的？

如果你曾經做過一些禪修練習，或許相當熟悉「認出念頭」的技巧，這是個很簡單的技巧，卻對於提昇覺察力很有效果。你所需要做的只是看著自己的心而已，你留意著念頭的生起，一旦看到念頭出現，就告訴自己：「念頭。」接著就放下念頭，讓它去，繼續單純的覺察下去。

現在，我們要把「情緒」也包含進這個練習中，用同樣的方法看著心中的一切，但不只是念頭，也要留意情緒的出現。然而，重點不只是認出飄過心中的念頭和情緒，然後像在臉書上 tag 照片一樣貼上標籤，我們還要做一點略為不同，但一樣有幫助的練習，那就是我們不只觀察念頭和情緒的生起，還要觀察念頭和種種情緒、感受之間的互動。**情緒和念頭之間，是怎麼互相溝通、互相影響的呢？**

現在就來試試這「**觀察念頭**」的練習吧！找出一小段時間，讓自己可以靜靜的看著你的心。最好是有個舒適的座位，讓你能以挺直但又輕鬆的姿勢坐著，如果能在開始之前，先懷抱著一種正面的心境，會很有幫助。所謂正面心境，或許只是簡單想一個正面的念頭，或是許下一個希望或願望，來振奮自己。

　　輕鬆舒適的坐好以後，放鬆心情，開始注意念頭的來來去去，但不要試圖去改變它們。

　　當一個念頭浮現心中，一旦你**注意到它的內容和特質**，就輕輕貼上一個小標籤。例如：「噢，是焦慮。」或「我又想到明天的面試了。」或「我感覺好像腦袋裡被打了一拳。」

　　請記得，讓貼標籤的動作保持簡單、單純，然後繼續保持著覺察力，警醒的觀察著。基本上，你並沒有在「做」什麼，你只是在熟悉內心運作的方式。

　　這樣練習一陣子之後，你可以後退一步，以較為全面的角度看看念頭的運作方式。問問自己，探索看看，一個情緒從它浮現而出，到你為它貼上各種標籤之間，**這情緒經歷了哪些旅程？**

　　關於「觀察念頭」的練習，在第八章的「捉念頭」這個段落中，將有更詳細的介紹。

7

意外的收穫

有一種語言，聾人聽得見，盲人也看得到，
那就是溫柔良善的心意。
——馬克吐溫（美國幽默大師、作家）
Kindness is the language which the deaf can hear and
the blind can see.
—— Mark Twain

　　小時候，有位老師送我一份意想不到的禮物，一條蛇。
那是條翠綠色的蛇，很長，背上有紅色的斑紋，就像四瓣的
花朵，很美。牠被裝在一個玻璃箱裡，由一個朋友送來給
我，我那朋友還特別交代：「餵牠吃東西的時候要小心點，
你知道的，這是條毒蛇。」

　　我想我當時臉色一定是一陣慘白，因為他接著又說：
「別擔心，毒牙已經拔掉了，所以牠已經沒有毒了，但還是
要小心點，這種蛇攻擊性很強的，你看！」朋友伸出手來，
手掌上有個很大的傷疤。

　　我問他該餵這條蛇吃什麼，他給了我一盒來自印度，類
似鷹嘴豆粉之類的東西，要我混著牛奶餵牠，接著教我怎麼

打開箱子，怎麼抓蛇，怎麼把牠拎出來餵食。「真是太感謝你了。」我說。我別無選擇，只能謝謝他，因為這是老師送的，老師要我好好照顧牠，我能怎麼辦呢？雖然我著實被牠嚇壞了。

我把蛇帶回家的時候，媽媽很不高興，但是出於對這位老師的崇高敬意，她不敢發脾氣。全家人都擠到我房間，看到蛇的第一眼時，大家都興奮極了。接下來，很長一段時日，每次我把手伸進箱子裡要抓牠出來餵食，牠都試圖咬我，每次都這樣，屢試不爽。我花了很長一段時間，才和牠培養出良好的關係，慢慢的，我才逐漸學會怎麼樣伸手到箱子裡才不會令牠不安，或感到受威脅；之後，我再也不用擔心牠咬我了，我可以直接把牠拎起來，學會這一點以後，牠對我就變得非常溫柔。

就像為了照顧這條蛇，我必須和牠培養出融洽的關係一樣，我們也必須和自己的情緒培養出知心好友般的情誼，就算是最可怕、最棘手的情緒也是一樣。

我們所練習的「情緒解脫術」，並不只是一套照表操課的技術性課程，而是要紓解情緒帶來的痛苦，所以當我們面對這些令人驚駭、咄咄逼人、甚至可能會「咬人」的情緒，除了保持警覺以外，還得多做一件事，那就是多關愛自己一點，關愛自己正遭遇的一切。

　　我們應該對自己慈悲一點，多愛自己一點，特別是在遭遇難關、日子難過的時候。當然，我們必須為他人著想，但如果我們對自己不夠慈悲，不夠好，其實也不會對別人太好、太慈悲的。

做自己，就很好

　　發現自己陷入危機四伏的情緒地雷區時，沒有比「對自己好一點[10]」更重要的了。真正的好心、善意，永遠不嫌多，總能帶來正面的結果，讓緊皺的眉頭，瞬間化為笑顏。好心、善意，是一種世界上最好的禮貌，我們的善意能讓人覺得舒服、自在，打從心底感覺受到尊重，真心誠意，如沐春風。當你遇上難關，例如處理一個棘手的情緒時，記得，也要對自己好一點，友善一點。

　　這意思就是說，我們要對自己每日的生活與難題，多一些欣賞與諒解之情；這意思就是說，當你卯足力氣想要改變自己處理情緒的方式時，不妨休息一下，放自己一馬。如果

10　對自己好一點（being kind to yourself.）：這一章中多處提到的 kind 或 kindness，具有良善、慈愛、柔和、溫暖、寬大等豐富的含意，所以內文中用了許多不同形容詞來翻譯這同一個字：仁慈、慈愛、友善、對人好、好心、善意，指的都是同一個意思：kindness。

我們還是以上戰場與敵人拚命的態度與情緒作戰，怎能欣賞它們創造力十足的展現？怎能發現情緒之中的智慧？

　　想想看，你所做的這些練習，方法雖然簡單，但實行起來並不容易，需要長時間的投入，需要很多的努力，而你卻願意堅持下去，這樣的勇氣值得你拍拍自己的肩膀，為自己喝采。當你放鬆一點，輕鬆以對，整個練習過程就會有更好的效果。

　　細想起來，當我們的心地仁慈友善時，幾乎總是放鬆的，當然也有例外，有時候我們對別人最仁慈、最友善的舉動，就是幫助別人面對難以面對的事實；或是直視鏡中的自己，而不遮上眼睛。「友善」並不一定意味著「附和」與「讚美」，但無論它如何展現，絕不會是「攻訐」或「傷害」。「友善」所傳達出來的訊息是：「沒關係，不管你正經歷什麼，當你自己吧，你就是你，沒問題的。」

　　不用擔心你的情緒和其他人比較起來如何，反正你永遠無法得知，因為每個人都是獨一無二的，我們都各有各的神經質之處，真正重要的是自己經驗到什麼、自己怎麼想。我們要對自己誠實。不管目前的處境看起來有多艱困，你就是你，你必須面對它，沒有人可以替你面對，沒有人可以取代你，你的情緒難關，別人無法代勞。但是沒關係，每個人都有自己的一段奇異旅程，各有各的擔憂，各有各的狂野念

頭。你的包袱不比別人糟，也不比別人好，它就只是你的包袱而已，你必須自己解開它。所以無論你是誰，都好。

情緒的練習最終所帶來的了悟，或許就只是「做自己，就很好」。你不需要一個全新的、改良版的「你」，儘管有那麼多情緒的騷動和亂流，你卻不必為那「真正的自己」進行程式除錯、改寫，或砍掉重練。

當你試著改變那些陷你於迷惑痛苦之中的習性時，別忘了，那「習性」並不是你。那習性，那些習慣性的行為模式，也不是情緒的真正本質，它們只是一種你暫時採用的身分認同：認同自己是個愛生氣的老闆，愛嫉妒的男友，愛操心的父母……而在這些面具背後，總是有著巨大的智慧泉源、力量和能量，這也就是為什麼就算你曾經失去它們、拋棄它們，或只是暫時看不見它們，總是有機會能夠重新找回這些創造力十足的能量、快樂與喜悅。

那麼，當你從情緒中「解脫」，重新找回「真正的自己」時，又會發生什麼事呢？當你從習性的魔掌中解救出那些創造力能量後，你會怎麼做呢？花了這麼多時間，下了這麼大的決心，最終所獲得的東西，到底值不值得呢？

自在過這一生

當你和情緒之間逐漸培養出明朗而真誠的關係時，你不只是認識了情緒，你也認識到「真正的自己」是什麼。你越深入練習「情緒解脫術」的三步驟，就越能不焦慮、不恐懼、不貼標籤地認出這一點：情緒是你身為人類的巨大潛能中，那能夠帶來喜樂、創造力和慈悲的能量展現。

就像當初我學著照顧那條蛇一樣。一開始，我總是緊張兮兮，因為牠一直想攻擊我。最後，我終於了解到，我對牠越放鬆，牠就對我越放鬆；一旦我學會不再以那麼擔心受怕的態度接近牠的時候，我們倆都好過多了。這時候，我才發現牠真是一隻美麗的生物，也才發現：哇！我收到一個棒透了的禮物！

如果讓情緒單單純純的留在它自然的狀態中，情緒就會像是一件美妙無比的藝術品，你越是看著它，越是美不勝收，它們以其色彩、能量、動態，甚至完全的寂靜，吸引著我們，以超越言語的境界觸動我們，帶我們一睹通往深刻意義與滿足感的、寰宇共通的源頭。

這種深受啟發的大開眼界，這種真實不虛的感受，我們常在藝術作品中感受到，但總覺得那只是一種外在的美好事物，是別人的天分，只存在於精美的展覽館，或是那些我們

稱為「藝術家」的超人基因之中。我們才不相信自己也擁有同樣的燦爛，同樣的美好，怎麼可能呢？

發掘情緒的力量，就是找出我們「內在之火」的過程，並學習善加使用它，是的，我們可以不再總是感覺「無力」與「匱乏」，相反的，我們可以煥發著光采與尊嚴，自在的過這一生，這是做得到的！

當你不再受到習性的牽絆，也放下了負面情緒的重擔，你就可以自在的去探索自己的真實面目。過去處處打壓你的情緒，如今帶著你大步向前。不管你所行何事，你的痛苦減少了，恐懼減少了，那種「事情為什麼會變這樣」的困惑減少了。

認識到這些「重獲自由」的創造性能量的巨大潛力，表示現在你可以帶著激賞之情，深入探索自己獨一無二的體驗和天賦，為它們找到新的展現方式，你可以自在開展純粹的熱情、真心的願景，活出充實而有意義的人生。

這並不表示我們所有人都會突然間變成「藝術家」，拖拖地板、洗洗衣服，都變成藝術創作。沒錯，你當然可以帶著覺察力，以巧妙手法完成日常工作，但這裡主要的意思是：你將擁有一顆清晰、明亮的心，內含著專注覺察的美好素質，讓你看得更清楚，讓你看見生命之中無處不在、身邊周遭俯拾皆是的美好、豐饒的光采。在這幅生命的全景中，

沒有任何一部分是微不足道的，每一層面都是整體中重要的一環。

愛與悲憫

擁有這樣的全面視野，是經過日積月累，像是一次跨出一步，終於到達的目標。但是也可能在一剎那的覺察之中發生——你看著這一剎那、這一步，同時也看見了擦肩而過的世界，你注意到所見的一切事物與自己息息相關、彼此相連，越明白這一點，你就越發現自己所作的一切，對這世界都有直接的影響。一切行為都有其後果。傷人的話語，害人的舉動，所造成的影響是會像漣漪一般擴散出去的，所造成的傷害不僅止於「撞擊點」，而是更加深遠。同樣的，友好良善的話語和行為，所發出的正面的、鼓舞人心的訊息，散播之遠，也超過我們眼所能見。

留意自己行為所造成的影響，是培養悲憫心的開始。你因為清楚看見了別人的痛苦如此劇烈，自然生起悲憫之心，而悲憫（compassion）的意思是「因別人受苦而痛苦」，悲憫不是淡淡的「唉，真讓人遺憾」這種不痛不癢的感受，而是對於別人的痛苦產生強烈、難忍的反應，亟欲替別人解除痛苦。它是一種熱情，無私的熱情，其中有種「一定要採取

行動」的決心，而不只是停留在感覺的層面。它驅使你走出情緒的避風港，跨進這亂糟糟但又令人歡喜的人際世界中。

但要對別人生起這麼純粹的愛，要先給予自己同樣的愛、同樣的悲憫，關懷自己過得好不好。所以不管對待自己或別人，溫暖柔和的良善心意都是必備良藥，它能拆除即將引爆的情緒雷管，它能讓正面情緒力量大增，讓你覺得更快樂、更有安全感，更有能力掌控自己的人生，你為自己內心帶來的寧靜感，將不少於你為鄰近社區帶來的祥和寧靜。

但這樣的良善心意，不見得會讓別人注意到你，既不會讓你上電視，也不會帶來揚名立萬的效果。大家都知道，有這樣的好心腸的確是很棒的一件事，但卻不是件多麼特殊的事蹟，並不是英雄或超人才有的特質，事實上，對別人溫柔良善，是每個人都做得到的事，包括小孩子在內。

另一方面，要真正對別人良善友好，有賴於恪遵非暴力原則。我們必須好好想清楚，然後立下一個勇氣十足的決定：我這一生，不傷害別人，無論發生什麼事。

這是一個非常稀有、成熟、無私的決定，這有時只意味著我們不再讓自己做出有害的行為，僅是如此就有極大的威力，但有時一個良善、友好的舉動更是具有轉化的力量——把愁雲慘霧的心情，轉為撥雲見日的笑容，把毀滅性的衝動，轉為無私的善意關懷，把甩在臉頰上的巴掌，轉為溫暖

互握的一雙手，把敵人轉為朋友。

　　生起這樣的良善之心，有兩種方式。第一種是心中懷抱著不傷害別人（包括自己）的意念，第二種方式則是稍微更進一步：心中抱持著「我要讓自己所做的一切，都是正面的行為」的想法。這意思可不只是「我不再造成別人的痛苦」而已，而是真心誠意的想要讓自己所做的一切（包括身體的行為、說出的話語以及心理層面）都是有建設性的、有幫助的。

　　何不以二十四小時為限，讓自己試試這麼做？看看會如何。試試看沒有負面行為的重擔壓在身上時，感覺會是如何？不管那是什麼樣的行為。我們大部分人隨身攜帶的負面行為，可比自己所願意的（或所知道的）多得多。如果能把它們暫時擱下二十四小時，你可能會發現自己有一種真正的放鬆感，能夠完全的享受這一日一夜。

　　不過，這可不是裝裝樣子而已，這並不是一場比賽，由笑容最甜美、說話最討人喜歡的人獲勝，不，我們的目的是要和內心最深刻的溫暖愛心相連，想辦法為自己的人生帶來樂觀向上的力量，為這世界帶來些許喜悅。

　　當然，要做到「二十四小時完全正面」，這標準似乎有點不近人情，但我們不妨把目標定高一點，看看自己能做到多少。當你真正的為這兩件事而努力過：保持良善與正面，

你將得到內在的力量與自在，你的一切行為也將煥發出這力量與自在，並且隨著時間而增強。

二十四小時的好心腸

要讓這個二十四小時的實驗成功，首先你必須對自己許下承諾，告訴自己，絕不向那些老習慣讓步。狀況發生時，你絕不再像過去一樣，立刻拿出那把粗言惡語的機關槍，開始掃射，你會暫停下來，給自己幾分鐘，想起兩件事：第一，你是有選擇權的。第二，你所選擇的任何作法，都會帶來某種結果。

如果你不停下來，在衝口而出或率性而為之前先想清楚，事後就等著懊悔吧：「天啊，我不應該說那句話的，我不是那個意思……現在我要付出代價了。」有些事情是無法彌補的，有時候，再多的懊悔和歉意，都無法修復一段破碎的感情，或讓對方撤回告訴。

這意思並不是你永遠不該表達自己的感受，只是在過程中盡量不要傷害任何人，或讓自己遭殃。當你向周遭世界多散發出多一些良善友好的心意，你應該會發覺自己心胸更開闊了，別人也更容易接受你說的話，於是過去一再重複上演的惡夢結束了，你來到了一個清朗的新境界，在這裡，溝通

不再是難事。

　　每個人都想逃離那糾纏不清的夢魘，實現改變生命的夢想，讓生活轉向更好的航道，我們多希望能感受生命的單純喜悅，而不是被恐懼和痛苦踩在腳底下。既然如此，何不就試著讓夢想成真？以你夢想的方式來生活？光只是這樣想像，就能讓人開心好一會呢。我們不可能每次嘗試都成功，但的確有可能在一天之中將之實現，不試試看的話，你永遠不知道自己能做到什麼地步，不是嗎？ 這是自古皆然的美好道理。

　　試著讓自己保持正面心念時，有件事很有幫助，那就是記得：在你開口說某句話，或動手做某件事之前，心裡已經先有了個念頭。譬如，付小費給咖啡店員之前，其實你已經想著：「一塊錢」。拍丈母娘馬屁，或是對她大吼，在這之前，其實你心裡已經在恭維她，或是已經開罵。所以，一天之中，無論何時，行動之前，先看著自己的念頭；顯而易見的念頭當然很容易發覺，但隱晦的念頭，也別放過，因為你知道它們多麼會惡作劇。

　　這樣的練習，是要在我們無益的，而且通常是毫無覺知的習性上，打一劑覺性的強心針，然後逐漸以一些正面的習性取而代之。

　　如果二十四小時對你來說時間太長，那就將範圍縮小為

面對某人的一小段時間，例如遇到鍥而不捨的慈善團體向你募款的時候。以此為起點，然後慢慢擴大對象，拉長時間。你甚至可以進行一個「一週內都對同事保持正面態度」的辦公室計劃。

問問自己

正面心念和負面心念，對我的情緒有什麼影響？

我們的處事態度，我們的心念，是如何影響情緒的呢？試試看這簡單的實驗，居家或工作都可進行。

1. 給自己一天時間，試著在這一天之中保持正面、樂觀的態度，心裡打定主意，不造成任何人（包括自己）無謂的痛苦、煩惱或混亂。
   不妨把這決定寫成書面的約定，當作對自己的承諾，放在床頭邊的小盒子裡。
2. 萬一在這天當中，做出違反承諾的事情，沒關係，不要念念不忘，深呼吸一下，然後回到正面的心念上。
3. 當這一天結束，入睡前，回顧一下今天的所作所為，想

想發生了些什麼事。問問自己：

◆ 這一天當中，成功保持正面態度的比例有多少？
◆ 我的態度改變了幾次？
◆ 當我失去正面態度，變得有點憤世或悲觀時，我的情緒是否改變了？
◆ 我對別人講話的方式和以前有什麼不同嗎？別人的反應又有什麼不同嗎？
◆ 把你的感受寫下來，以便日後回顧。

試著做做看，就算你覺得這實驗實在太簡單，也強迫自己嘗試一兩次。有時候，念頭會在你想要做出改變時勸阻你，這其實正象徵著你所使用的方法，已經開始產生效果。

正面的力量

練習本書所介紹的「情緒解脫術」，並不表示完美無瑕的人生，甚至「完全無痛」的人生就會降臨。人生畢竟還是人生，充滿了挑戰與奧祕，喜劇與悲劇，有些日子就是比較難熬，但你知道陽光總在風雨之後等著你。

以正面的視角看待世界，對於正在超越習性的我們助益良多，但這「正面」並不只是翻轉到「負面」或「悲觀」的另一面，或戴上粉紅色的鏡片，讓世界看起來更可愛迷人。

不！各種難關我們還是看得一清二楚，不同的是，我們不會只聚焦在它們有多磨人、多棘手，相反的，我們更加看到自己情緒的強烈能量中，所具有的可能性和潛能：憤怒中的閃亮清明、嫉妒中的滿足感與慷慨大方、慾望中純粹的愛與慈悲……就在這些不安、疑惑、沒有自信的感受當中，藏有很多好東西，如果我們只看壞的一面，或是根本避開不看，那錯過的東西可就多了。

再者，「正面」不只是一種態度或思考模式而已，它是一種超越語言的力量——在這世界上我們時常可以感受到這樣的力量。當某件極度正面（反之負面亦是如此）的事件在某地發生之後，那地方似乎就散發出一種人們可以感受到的能量，於是該處成了一個影響力強大的地點，地球上這樣的地點並不少見：神聖的山林、古老的殿堂，以及各處聖地，吸引無數朝聖者前去參訪，希望獲得神奇的體驗，以得到平靜、療癒或證悟。

每年都有無數人潮湧向這些歷久不衰的神祕地點：馬丘比丘古城、巨石陣遺跡、耶路撒冷聖地、埃及金字塔，以及印度的菩提樹，據說佛陀在此得到證悟。我不相信人們千里迢迢旅行到這些地方，只是為了看傾頹的石牆或千年老樹，我相信這些地點的吸引力，來自於曾經發生在該地的事蹟，在該地迸發的一種超凡的創造力能量，直到今日仍影響著世

界，觸動著人們的心靈。吸引人的力量絕不只是來自物質環境，那是一種感受，內在的體驗。

同樣的，如果我們能在生活中，透過心意和行動創造出某種程度的正面能量，我們也能散播出正面的影響，如果這正面力量夠強、夠大，我們不只能帶來利益，別人也能實際感受得到。他們可能會感覺到一種祥和，一種開闊，或是喜悅。你或許聽說過來自聖地的神奇事蹟，但你可能還不知道，你內心就有一個聖地。你所要做的，只是去發現它，然後慢慢的將它挖掘出來。

不過，不要寄望自己能把負面情緒一舉轉化為正面力量，這想法立意甚佳，但並不實際。如果給自己太大壓力，苦苦相逼，那就又落入過去折磨自己的老習慣了。所以，讓我們從小地方開始，從一個負面的小習慣開始，改變它，改善它；成功以後，再對下一個習慣下手，成功以後，再換下一個。如此一來，你會快樂一點，整個過程的可行性也會高得多。

這是一件有趣的事！

練習「情緒解脫術」的過程中，越能正面以對，就會練習得越有興趣，對於情緒的轉化越有一種真正的熱忱。真的，這是一件有趣的事，樂趣自在其中！

和情緒打交道的過程中，多看看讓人開心的部分吧。像這樣以嶄新的方法探索內心，以不同以往的眼光打量情緒，不是件很棒的事嗎？過去一成不變的習慣，難道不會讓你覺得厭煩嗎？當你發現自己是可以改變的，發現自己可以一次轉化一個習慣，就能因此生起一種歡欣鼓舞的熱忱，如此一來，就能享受這整個過程，「情緒解脫術」對你來說再也不是個負擔了，你再也不會壓力重重，更不用擔心「唉，如果我不練習，有人會不高興的。」或是「唉，如果我不練習，會下地獄的。」

相反的，你只需要一次跨出一步，看看自己能做到多少，就做多少。不要鑽牛角尖、不要想太多，也不要太求好心切、好高騖遠，你不需要一次就搞定一切。當負面的心念閃過心頭，只須回報以一個微笑，一句友善的話語，這樣就好，試試看。

如果能對待自己柔和、友善一點，無論什麼遭遇，什麼情境，都可能是讓你的智慧與慈悲甦醒的契機。最後，你將

會來到一個「自然揮灑、自在起舞」的境界——每當你察覺情緒來臨前的雷聲隱隱傳來，所有你學過的看家本領，就已經準備上場：剎那之間，你感覺到情緒的能量→你暫停一下，並直接看著它→接著你擴展視野，直到你能綜觀全局，你覺知著所有的感官，包括身心全體→然後你放鬆，放下一切，讓它去。

所有的流程你都沒有遺漏，但是這時候的你，不需要停下來想：「呃，第一步是什麼呢？然後第二步是……第三步是……」你自然知道要採取哪些步驟，才能把那「有點抓狂的瞬間」轉化為「靈光一現」。

你對於情緒的反應，將會變得流暢、自然，就像自在飛躍、起舞的舞者一般。如果看起來有點糟，別擔心，如果看起來很棒，也不用太得意。生命中的每件事都不斷在變化著、轉換著，就如同在夢境中發生的事一樣。下一刻，你永遠有改變的機會，不是嗎？這是情緒給你的禮物：你永遠有重新開始的機會！所以，沒問題的，你可以從容點、自在點，酷一點，讓自己開放、平和，對自己真誠。你不需要讓自己看起來像個什麼樣子，或是像某個人，只要做你自己，並樂在其中——和這些如夢一般的情緒共舞、玩耍，享受它們吧！同時別忘了帶著你的覺察力，還有你的全心全意。

評估

我進行得如何？

每個星期，評估一次自己的狀況。

在一天之中，你都能記起「我要練習情緒解脫術」的意願嗎？你注意到哪些情緒升起呢？哪一個最強烈？

如果你發現自己逐漸遺忘，失去了目標和決心，建議你回去複習前面的練習題，並回想自己曾經下過的決心。你的目標定得越清楚、越具體，就越有可能達成。

把讓你分心的事物當作好幫手

日常生活中，周遭一切不斷的變動著，這讓保持覺察、活在當下，變成一件很不容易的事。我們的注意力不斷被四周發生的事物帶著走，不僅如此，念頭與感受之流也不停的把我們東拉西扯，這就是所謂的「散亂」。我們分心了，注意力被轉移了，不在當下，而我們通常沒有注意到自己的心已經飄走了，總是事後才發現。

不過，現在我們可以把讓我們分心的事物，變成好幫手。不管何時何處，我們都可以想辦法讓它變成練習「覺察間隙」的好時光：不管是等電梯的時候，或在星巴克排隊，在收看《CSI 犯罪現場》的廣告時間，或等紅燈的時候，任何時刻、任何事情，你都可以把它設定為你的「鬧鐘」，只

要那件事一發生，就等於提醒你暫停片刻，轉心向內，觀察自己：「現在我在哪裡？我在做什麼？我有什麼感受？」

　　你也可以真的在手機上設定鬧鐘，每天固定會響起或振動一兩次，作為友善的提醒，讓自己記得在那時刻看著自己的心。

在接下來的一個星期……

❖ 下定決心，每天起碼要練習一次「覺察間隙」。

❖ 每天早上起床的時候，在心裡強化自己練習的意願，晚上睡前再強化一次。

❖ 如果你發覺每次某人總是戳到你的罩門，每次遇到他就讓你惱火，和自己約定好，每次覺察到這一點的時候，就試著升起一些慈悲，把這種慈悲的感受帶進你們倆的互動之中。

進階練習篇

「情緒解脫術」，它將幫助你學習到所需的技巧，
擺脫過去讓你痛苦的老習慣，
這三步驟是：覺察間隙、綜觀全局、放下放鬆。
它們是循序進行的，每一個步驟都以前一個步驟作為基礎，
一步步帶給你處理情緒的能力。

接下來的幾個章節，介紹了許多培養覺察力的練習方法，以及幫助你精通「情緒解脫術」三步驟的技巧。每個練習都有助於強化自己「覺察」的習慣，也有助於讓觀照內心的力道更精確，更有效。

為了要讓覺察力的練習能夠發生效果，在日常生活中，你必須時時活在當下，包括受到情緒挑動而內心翻騰的時刻，在那時候，你必須讓身心都回到當下，因為那正是你需要清楚看到念頭的時刻，**你需要清清楚楚知道自己看到什麼、聽到什麼、感覺到什麼，那是真正讓覺察力變成你最好朋友的時刻！**

養成「覺察」的習慣，對於「情緒解脫術」三步驟中的任何一個步驟都是極為重要的。不管身在何處、所行何事，你都可以看著你的心、看著你的動作，看看周遭正在發生什麼，提醒自己去感受情緒的能量，並呼吸、放鬆、放下。

第八章　覺察間隙的加強練習：看著！
主要應用在「情緒解脫術」第一個步驟的練習方法，
著重於觀察自己和情緒的切身體驗。

第九章　綜觀全局的加強練習：探索！
主要應用在第二步驟，在這些練習中，我們把焦點往外

延伸，將人際關係與溝通技巧也含括在內。

第十章　放下的加強練習：放鬆！

主要是關於第三步驟的練習，

這些練習帶領我們探索環境與感官帶來的體驗，

以及如何釋放情緒壓力的技巧。

雖說這三套練習各自對應「情緒解脫術」的其中一個步驟，但實際練習的時候，你可能會發現自己在這三步驟中游移，或許剛開始時練習的是第一步驟，練習到一半卻發現自己已經進展到第二步驟了，或是從第二步驟開始，又變換成第三步驟，而不是遵照該章標題，只練習單一步驟，沒有關係，你的進度取決於自己的體驗和觀點，但若能對於自己目前進展如何瞭然於心，是比較好的。

每一個練習，都需要你留心觀察、留意觀看，看哪裡呢？看自己，看自己的習慣，看自己當下的感受，仔細的、深入的觀看這一切，你會學到無價之寶的知識，讓你從那些老是造成痛苦的情緒模式中解脫。當然，你可以保留那些讓你快樂的情緒模式，其中的不同，你會知道的。

開始練習前，請先閱讀書中的建議和提示，然後設定動機，例如：「每天早上，當我感覺到自己對小孩（或小狗、

先生）發怒的時候，我要好好的看清楚這個情緒的經驗，我
要帶著覺察力觀看著，看看如果我不隨之起舞，會有什麼改
變。」先在心裡營造出堅定的動機，再開始練習。

8
覺察間隙的加強練習：
看著！

練習 1　看著自己洗碗

　　未來一週當中，選定一兩樣生活中的作息，作為練習覺察力的時機，你選擇的事情越具體，就越有機會落實，比方說，洗碗就是一件很具體的事情，比起抽象的目標，像是「我決定要帶著覺察力度過這一天！」在洗碗的時候練習保持覺察力，是比較容易實現的。

　　你可以選擇每週一、三、五的洗碗時刻，開始進行覺察力的實驗，洗碗的時候，留心觀照著每個細節。

　◆ 把覺性帶回當下，覺察著站在洗碗槽前的身體、手上的水溫，覺察你倒洗碗精、沖洗餐具，放到架上晾乾

的過程，以及每個東西的形狀、材質、重量。

◆ 一週之後，回想看看，帶著覺察力洗碗的經驗，和平常洗碗的感覺有什麼不同？

◆ 當你覺得自己有能力更進一步時，可以把你的練習範圍擴大到廚房的其他工作，例如在流理台上切菜，或清潔廚房地板的時候。

◆ 有時你也可以改變一下，換個練習目標，選擇每天工作結束時整理書桌的時刻，作為練習覺察力的時機。

　　無論你選擇如何練習，記得：對於覺察力來說，「專注」和「放鬆」是同等重要的，不必要求完美，也不需要刻意放慢動作、過分自覺，可以的話，盡量把它當成一件有趣的事來做吧！

練習2　看看什麼東西改變了？

　　當我們帶著覺察力做某件事的時候，並非刻意採取某種特別的眼光看待此事，但我們對這件事的感受，卻自然的改變了，例如憤怒或嫉妒的感覺，當我們看著它們的時候，它們就不再是我們習以為常的那套感覺，它們現在變得清新、鮮明，有更高的清晰度，我們也逐漸了解自己如何感知事

物，如何貼標籤，以及這套作法是怎樣改變了我們的體驗。

　　有了這種清晰度，我們將能重新認識自己，對於自己與他人之間的關係、與世界之間的關聯，也較能看得透徹。如果我們真想知道情緒是如何影響人生的「劇情發展」，那麼覺察力絕對可以幫我們一個大忙。

看著覺察的心

◆ 再一次的，看著你所做的某件事，某件你單獨進行的事情，例如整理書桌。同樣的，把注意力拉回自己身上，讓覺性回到當下，回到你坐在桌前的身體，以及書桌上與周遭的物品（它們的顏色、形狀、材質如何？）

◆ 注意這些物品讓你生起的念頭，以及這些念頭所挑起的感覺，以及自己總是被那些想著過去或未來的念頭牽著鼻子走的習慣。

◆ 一發現自己在想東想西，只要認出「我在想」即可，然後把注意力帶回自己身上，回到當下。

◆ 接著，把注意力短暫的帶到這「覺察的心」本身，看著觀察自己整理書桌的這位「觀看者」，然後再回到單純的覺察上。

◆ 就這樣重複幾次。

◆ 最後體會一下,「看著覺察的心」這件事,對於你所
做的事(如此處的舉例:整理書桌)的感受,有沒有
造成任何改變?

練習3　工作禪

忙碌於工作之時,無論是坐在電腦前打字,或是洗車、
洗衣服、幫狗洗澡……只要你帶著覺察力進行這件事,這就
是一種「工作禪」(mindful activity,意即帶有覺察力的行
動,或名為「正念活動」),在這一連串的動作之中,你專
注而留神,而不是完全迷失在對這工作的種種念頭、想法之
中。你一邊動作著,一邊覺知著你的身心和所有的感覺、你
看到事物、聽到聲音、觸摸到周遭的物品。當你分心的時
候,你暫停一下,放下心裡喋喋不休的囈語或湧現的情緒,
創造一個覺察力的間隙;一次又一次的,放下對於這工作的
各種想法,回到你正在做的事情上。

放下任何讓你分心的事物,意思不只是放下心裡的囈語
而已,你也放下你的完美主義、你的無聊、你的羨嫉、你的
擔憂,然後放鬆而專注的回到手邊的工作上。如果你正在做
晚飯,那重點就只是單純的做飯,然後放下它,無論結果如
何,隨它去。如果你以全部的專注力完成了一件事,好好努

力了一番，通常這樣就夠了。不用擔心，你不必在生命中每一方面都表現得出類拔萃，只要放鬆，享受你正在做的事情即可。

想想看

找一件對你來說是嶄新的，或不熟悉的簡單創意活動來做，例如畫圖、插花，或寫一首詩。這個練習的重點是帶著開放的心來探索一件不熟悉的活動，無論結果如何，放下它，隨它去。過程中，如果你感覺到自己在批評自己，或覺得困惑、抗拒，那就暫停下來，放鬆一下，這是對自己慈悲的表現。

之後，使用本書第一章所介紹過的「心流寫作法」，把你這次的經驗寫下來，寫五分鐘，如果你覺得靈思泉湧，就繼續寫下去，以下提供幾個問題，作為你探索的方向。

- 你注意到進行這個活動的過程中，有哪些感受出現？
- 每當你有抗拒的心情時，你能不能用一種好奇和友善的態度面對它？如果可以的話，那是一種什麼樣的感覺呢？如果不行，那障礙又是什麼呢？
- 時或不時的，當你分心的時候，你有辦法放下那讓你分心的念頭嗎？如果可以的話，這麼做能讓你更享受整個過程，而不是一心追求結果嗎？

◆ 以不貼標籤（好、壞、美、醜等）的眼光看待自己努力的成果，那是一種什麼樣的感覺？

練習4　設定日常事件作為提醒

這個練習的出發點在於找到兩件事之間相似的動機，一件是日常的活動，例如開車，另一件事則稍微特殊一點，那就是在難纏的情緒上下功夫。找到兩件事之間的共同主題後，以後每次你進行這件每天都會做的日常活動時，就會提醒你覺察情緒的決心。

想想看

◆ 以開車為例，首先自問：我坐上駕駛座的動機是什麼？為什麼我要做這件事？你的答案可能是：因為我想自由地開去我想去的地方啊，有些地方不開車永遠到不了。

◆ 接著，想想自己在情緒上下功夫的努力，問問自己：我決心面對情緒、處理情緒的動機是什麼？為什麼我要做這件事？你的答案可能是：我持續不斷面對情緒、處理情緒的原因是：這是讓人生減少痛苦的唯一方法，我的動機是為了要解除情緒帶來的痛苦。

◆ 最後，結合這兩件事，讓第一件事的目標提醒你第二件事的目標。例如：我開車是為了要到達我想去的地方，同樣的，我練習處理情緒，是為了到達我想要的內在境界——從情緒的困擾中解脫，因此，從今以後，我每次開車時，就要想到我追求解脫的目標。

◆ 為了幫助自己更有效的記得這件事，設定一個觸發記憶的時間點，例如你可以設定轉動車鑰匙作為觸發點，以後每次啟動車子的時候，也啟動了你的覺察力。此外，你或許也可以在儀表板上貼一張字條提醒自己。

進行這樣的練習時，可以在每天結束之際，臨睡前給自己五到十分鐘，回想一下這個練習帶給自己什麼樣的幫助？也想想看，讓自己無法生起覺察力，或不想生起覺察力的障礙是什麼？你可以在床邊放一本筆記本或素描簿，在睡前記下或畫下冒出的想法。

練習5　捉了就放

有一次在長途旅行的途中，為了更換衣服，我在機場買了一件襯衫。那是一件挺好看的深藍色襯衫，我沒細看就穿

上了。一直到坐上飛機,才發現衣服上有個圖案,畫著一條魚,旁邊沿著袖口有一排字樣:「捉了就放」(catch and release)。我覺得開心極了,簡直是天外飛來的訊息,我居然把禪修口訣穿在身上。

捉了就放,這句話後來就成了我那趟旅行的禪修功課,你不妨也用它來禪修,或思維它的意思:捉到念頭以後,就放了它。念頭來的時候,用不著迎頭痛擊,和它纏鬥一頓,亟欲除之而後快,最後才把它放走。不、不,念頭來的時候,只要認出它是個念頭,就放它走。

所謂的禪修,基本上是一種認識自己的過程,怎麼認識自己呢?就是透過熟悉自己的心來認識自己。平常我們心中的念頭總是風起雲湧,而禪修是一種能讓念頭的狂風平息下來的練習,幫助我們回到平靜安寧的心。我們的心不但忙著東想西想,念頭更總是徘徊於過去與未來,不是沉緬於往日的戲碼,就是預想著明天或十年後可能會發生的事,為未來籌謀準備著。一般來說,我們根本沒有體驗到「當下這一刻」的感受。然而過去我們無法改變,未來又尚未到來——你可曾發現,未來永遠在無法觸及的前方?所以如果讓這種情況繼續下去,我們的心永遠沒有休息的機會,永遠無法沉澱下來,得到自在。

經過一段時間的禪修練習之後,我們這套「捉到念頭、

情緒，然後就放了它們」的功夫，就會漸入佳境。逐漸的，心會自然的沉澱到一個休憩的狀態，這是很棒的，因為我們得以全心全意活在當下。當我們不再被拉扯到過去或未來時，就可以安然處於當下，感受此刻的生命。所謂的「活在當下」，就是醒覺著、覺知著自己和周遭的一切，這是得到寧靜與滿足的第一步。

禪修指導：隨息

在各種禪修方法之中，最有效的方法之一，就是「隨息」（following the breath，跟隨著呼吸）。

隨息的方法：首先，以舒適但挺直身體的姿勢坐下來，然後看著自己的呼吸，就這樣，除此無他。你不需要改變平常呼吸的方式，讓呼吸輕鬆自然即可。把注意力帶到呼吸上，專注於鼻子和嘴巴的吸氣、吐氣，讓自己真正地去感受呼吸，去感覺呼吸的出與入。

這時候，你不只是「看著呼吸」，一旦進入狀況，你其實就「變成了呼吸」，吐氣的時候，感覺著吐氣，和它合而為一，吸氣的時候，感覺著吸氣，和它合而為一。你就是呼吸，呼吸就是你。

當你開始放鬆下來，就會開始欣賞當下、享受當下。因為呼吸是只發生在當下的事情，吐氣時，一剎那過去，吸

氣，下一剎那又到來。欣賞當下，同時也表示欣賞這個世界，欣賞你的存在，欣然悅納周遭的一切，對自己的存在感到滿足。

如何開始

開始一座禪修之前，首先你需要一個舒服的座位，你可以使用任何座墊，只要足以讓你能夠穩固的坐直即可。你也可以坐在椅子上。重點是要能夠放鬆而挺直的坐著，讓脊椎可以打直。如果你是坐在座墊上（盤坐），讓雙腳舒適的交叉；如果是坐在椅子上，則讓雙腳平直的放在地板上。雙手可以輕鬆放在膝蓋上，或置於腿上。雙眼微張，視線微微往下，輕鬆的落於眼前不遠處。這個姿勢最重要的重點，就是既能夠坐直，又能夠放鬆。

一旦舒服的坐穩了，接下來的重點便是讓自己完全身處於當下，一心一意專注於此練習之上。至於禪修的時間，剛開始不要太長是比較好的，可以從短短的五分鐘、十分鐘開始。練習的時候，對於自己的體驗抱持著一種好奇的態度，不用擔心對錯，不必擔心「這樣做才對」或「這樣就錯了」。

捉念頭

禪修的過程中，心裡的話匣子會大開特開，無數的念頭會紛紛出現。其中有些念頭會顯得特別重要，進而轉變成情緒。有些念頭則和身體的感覺有關，例如膝蓋痛、背痛，或脖子不舒服。另外，有些念頭更是以緊急事件的姿態冒出來，讓你覺得一定要馬上處理不可，例如一封重要的電子郵件忘了回覆，一通電話必須回撥，或是猛然想起今天是媽媽的生日，諸如此類的念頭，不勝枚舉。

然而這時你該做的不是從座墊上跳起來，而是認出它們只是念頭，如此即可。某個念頭引誘你分心的時候，你只要告訴自己：「喔，這是個『我忘了媽媽今天生日』的念頭。」這樣就行了。只要「捉到」念頭，認出那是個念頭，然後就放它走。

靜坐禪修的時候，我們對待所有念頭都一視同仁。念頭都是平等的，不要把哪個念頭看得比其他念頭重要，否則，我們可能很快就失去了專注力，而心就這樣被各種想像牽引而去，飄走了。

有些人可能會以為練習禪修就應該完全「無念」、完全平靜才對，但其實那比較接近禪修的最後「成果」，而不是「練習」的過程；而所謂練習，就是要和一切內心生起的林林總總打交道，當一個念頭出現時，我們認出它，知道它出

現了，然後就隨它去，放下，放鬆，繼續呼吸。這就是「捉了就放」。

禪修的時候，我們一再重複這「捉了就放」的過程，就像每次運動都會強化你的肌肉一樣，經過一次次練習覺察力和捕捉念頭，你的專注力也會因此而強化。

然而我們的心總是處於各式各樣、不可預期的影響力作用之中，所以不要期望禪修的狀態永遠不變，或者照著你預期的速度而進步。

要讓心達到寧靜、清明的境界，是需要時間的，但最後你將發現，你有能力讓心置於你想要專注之處。禪修、培養心的力量，不只是個有益身心的好方法，事實上不管你要學習任何事物、完成任何目標，禪修都對你非常有幫助。當你的心變得越來越平穩和寧靜，你對於每一時每一刻中發生的事情，都會有更多的體會和感受，你會開始感覺人生變得有趣多了——你真正的人生，當下此時，比你念頭中所想的那些「概念人生」有趣多了！

9
綜觀全局的加強練習：
探索！

練習1 探索你的極限

當我們做某些事情的時候，像是唱歌、舞蹈、繪畫、寫作……時，這些事情鼓舞我們投入當下，同時懷抱著一種不確定感，在創造的過程中探索，看看會發生什麼。於是我們走出了平常的舒適小窩，跨出了安全地帶，這時，如果我們能保持心胸開放，不加評斷或批判，就有可能看到念頭與情緒的展現，清清楚楚呈現在我們面前，生動而清晰。然而，有時這些紛飛的念頭與情緒，卻讓我們分心，把我們扯離了當下身心即時的單純反應，於是我們怯步了，不願再進一步探索，我們碰到了瓶頸，遇到了個人的極限。

　　所謂的極限，你可能會覺得就像是一道跨不過的鴻溝，像是懸崖的邊緣，你已經盡力與情緒共處了這麼久，走了這麼遠的路，如果再逼迫自己往前一步就要爆掉了。你感覺被困住了，內心抗拒著，甚至憤怒著。

　　面對這種挫敗的經驗、失敗的感受時，你是不是聽見自己心底在咕噥著？比方說，每當你遭遇那些頑固的、討人厭的，特別是你覺得無力改變的情緒時，你是不是在心中喃喃自語：「我沒辦法……」打從心底認定自己一籌莫展，無力跨越這堵牆。

　　這種「撞牆」的經驗值得我們特別關注，因為它讓我們背離自己曾經立下的衷心祈願。

　　所以別忘了，當你在情緒、念頭的課題上努力的過程中，你是一直帶著覺性與覺察力的，過去那些有害無益的老習慣，一直被你認出來，一直被你轉化，所以現在這些棘手的處境，你一定也可以慢慢熟悉它們，超越它們，最後一舉超越自己所以為的「極限」。

「極限」不是永遠的障礙

　　一旦熟知自己的極限在哪裡，那條跨不過的鴻溝在何處，你可以使用覺察力的練習，來仔細調查看看這些慣性反應到底是怎麼回事。

　　就像一切事物一樣，這些慣性反應的出現是有原因的，由於各種原因加上其他條件的推波助瀾，這些慣性反應才得以持續存在，因此我們要仔細留意，看看它們的背後，到底有誰在撐腰。

　　我們心裡的快樂與痛苦，都不是無緣無故突然冒出來的，它們是某些特定的因素所造成的結果，這些因素，就像烘派時你所加入的材料一樣，你會烘出一塊美味的蘋果派，或是一塊又酸又硬的派，全看過程中你加入或沒加入哪些因素，包括食材的種類、食譜的好壞、廚師的廚藝等等。最後出現的那塊蘋果派並不是老天註定的，或是無法改變的結局，你大可改作成芝心起司的派皮，或是加點肉作成鹹派。

　　同樣的，我們的好習慣或壞習慣，是需要很多條件才能「正常運作」的，一旦認識到這些因緣條件，我們會發現自己的「極限」未必是永久的障礙，早在這些極限冒出來挫折我們之前，我們大可打斷它的行進路線，造成不同的結果。當老闆再度讓你怒不可抑的時候，你不必像以前一樣回家把氣出在小貓小狗身上，你還有空間可以想辦法，還有機會改變事態的發展，畢竟這些極限是可以超越的。

　　超越極限的第一步是要先仔細觀察這些極限的「體驗」，以及啟動這些體驗的關鍵，是哪些「因緣條件」。

你可以這樣做

◆ 在心中設定好動機:「我要好好探究我的極限是怎麼回事,下次感覺自己又瀕臨極限時,我要用上『覺察間隙』的技巧!」

◆ 把這樣的動機用在某一件實際的事例上,至少一件。

◆ 找出導致自己「撞牆」的導火線是什麼?例如:是不是每次辦公室裡的某個同事對你頤指氣使,彷彿他是你上司的時候,就讓你怒不可抑?或是每次你明明知道自己的想法是對的,你同事就是不照你說的做,這種情況一發生,就讓你火冒三丈?

◆ 下定決心,在那些導火線最常出現的時刻,就開始進行「覺察間隙」的練習,例如每次在大排長龍的隊伍裡覺得心煩氣躁、敵意升高的時刻。

此處的重點是不帶批判的去覺察、去留意面臨極限的感受,把自己交付給「覺察間隙」的練習。

練習2　探索親密關係中的慣性情緒反應

在一段親密關係之中,想要好好地、巧妙地處理情緒問題,關鍵在於養成覺察自己有哪些習慣性「情緒模式」的覺

察力，特別是要看清自己面對各式各樣、出自「慾望」的情緒展現時，是怎麼反應的。你是否察覺到，每當你覺得嫉妒、不受重視，你會怎麼反應？每當對方不符合你的期望，你的反應是不是總是那一套？你是大發雷霆，或變得更黏人？或開始計劃如何報復，讓對方也感情受傷？另外，什麼情況會讓你感覺心胸寬廣？什麼情況會開啟你樂於施予、願意寬恕的心境？

維繫一段感情最好的方法之一，就是和自己的情緒建立起直接、真誠的關係。如果每一次自己習慣的「情緒表現模式」冒出來的當下，你總能看得一清二楚，要改變它們就容易得多；每當事情到了很有可能擦槍走火的關頭，只消生起一兩個片刻的覺察力，就能免於再次乘坐一趟「情緒雲霄飛車」。

如飛車般的強烈情緒出現時，不必拒之於千里之外，也不需要尖叫著逃走，你需要的是保持覺察力，覺察著它們。養成深厚的覺察習慣，能幫助你在感情生活中維持著一種快樂的平衡，找到這種平衡不只是讓日子好過一點而已，它更是一條道路，通往更有智慧、更喜悅的人生。

想想看

◆ 請回想過去發生過的一段不愉快的爭吵（和親密關係

的人），稍微感受一下那情緒而不做出反應，不去想太多，也不加以批判。

◆ 然後生起一種強烈的慈悲和柔善的心意，先為自己，然後為對方生起，不管對方是你的另一半、家人或朋友。在這種狀態中停留幾分鐘，然後感覺看看，自己對於這整個事件的看法有什麼改變。

◆ 想想看，在親密關係中發生爭吵或痛苦的傷害後，有什麼能讓你的心境重回開朗、寬廣嗎？

◆ 如果在你的省思中，得到了一些領會（例如，我發現：不要對自己那麼嚴苛，我就會幽默一點），選擇其中一個領會，下次你發現自己又陷入情緒激昂的時刻，就拿出來用。

練習 3　把慈悲心帶進社區生活

「慈悲」有個特徵，那就是「願意面對痛苦」，同時懷抱著想要解除痛苦的強烈心願。慈悲拉近了你與痛苦的距離，因為這樣你才能轉化痛苦，如果你總是把痛苦拒之於千里之外，就幫不了什麼大忙了。

把慈悲心帶入社區生活，帶入街坊鄰里的人際互動中，你會發現，就算是面對個性天南地北、甚至立場對立的各式

各樣的人們，你也會更知道如何與他們相處。

幫忙打掃鄰里街道、整理社區花園、安排共乘制度、籌劃校內活動……這些與人共事的經驗，讓我們有機會發現自己與他人緊密相連的事實，也讓我們發現，動機的小小改變，幾乎總能在人際關係中，帶來大大的改觀。例如，面對志同道合的人，和面對意見分歧的人，你的友善度和參與度是否就有高低的不同呢？

如果我們採取開放和樂於接納的態度面對別人，慈悲之心自然會敲開和諧之門。畢竟不管是家人、朋友，或敵人、對手，每個人都希望這一天過得快快樂樂，沒有人希望擔心受怕，生病、受傷。從經驗中我們得知，對別人付出善意、慈愛的機會，永遠都不會缺少的。究竟說來，一顆慈悲的心，是一顆樂於與人相繫相連的心，就算是遇到再難相處的人，也是如此！

想想看

請回想一段過去與某個團體共事的經驗，然後回答以下的問題，寫下你的想法。可能的話，與另一個人或一個小團體，一起探索這些問題。

◆ 與許多人一起工作，對於你的覺察力或慈悲心，是有幫助呢？或是造成困難？為什麼？

◆ 這樣的困難發生時，你會怎麼辦呢？你能夠把難關當成你的朋友嗎？ 如果不能，想想看，下次要怎麼做，才能幫助你以一種好奇心和友善的態度，面對困難？

◆ 相較於一個人工作，與一群人一起做事的時候，你的覺察力有什麼改變？

◆ 做自己選擇的工作，以及做別人指派的工作，對你來說有什麼不同之處？

練習 4　我怎麼聽別人說話？怎麼對別人說話？

　　溝通，不只是「用語言把訊息傳達給另一個人」而已，溝通之中含有情緒，而情緒的表達散發出能量。當我們與人交談時，彼此交換的訊息只是這場對話的一部分，另一部分是彼此對這些訊息的感受──而我們的肢體動作，其實比語言「說」得更大聲！所以，如果我們在交談時只用耳朵，而不是用「心」來傾聽對方，可能就會錯過對方要告訴我們的最重要訊息。

　　接下來的練習，用意在於強調「有覺察力」和「沒有覺察力」之間的不同，讓這對比更顯而易見。有時候，我們會發現到自己漫不經心，忘了保持覺察力，這時候如果能對自

己慈愛、友善一些，這些時刻也可以變成提醒自己的好幫手，因為我們永遠有下個機會，前方永遠有路可供邁步前進，在我們日常生活中，如果我們開始看見「有覺察力」和「沒有覺察」之間的差別，對我們造成多麼不同的影響，我們可能也會慢慢看見自己的人際關係中，出現了正面的改變：更多的信任、更多的感謝、更多的欣賞、更多的和諧。

兩個人的「聽說」練習

這是一個探索「訴說」與「傾聽」的練習，尤其是「傾聽」的部分。找一個同伴和你一起進行，兩個人輪流當「訴說者」與「傾聽者」，讓彼此都有機會體驗這兩個角色。以下是「角色扮演說明」及練習規則。

傾聽者：

這個角色要做的事，就是完完全全聽對方說話，同時留意觀察著自己的感覺，注意自己對於所聽見的話語的反應。通常我們與人談話時，常常有一種急於插話、急於「馬上說點什麼」的衝動，一股想要回應、想要回答，想要解決問題的渴望擄獲了我們。這渴望搗住我們的耳朵，於是我們再也聽不見對方說些什麼了。

所以，現在你只要敞開心胸，傾聽著就好。在這開闊的

心境中，如果你發現情緒起來了，就使用「覺察間隙」的技巧，這能幫助你按兵不動，不會隨著一時衝動回應對方說的話。要有耐心，持續的看著自己念頭和感受的流動，而不去改變它們，然後在這聆聽的體驗中放下、放鬆。

剛開始，這練習可能讓人覺得有點不習慣，有點不自在，有這種感覺，代表你已經真正投入練習之中了，把它當成是個好現象。習慣以這種方式聆聽以後，你的存在就真的能帶給對方一種支持的力量，一種幫助。

慢慢的，有了這種聆聽方式為基礎之後，你可以帶著覺察力加以回應。但整個練習基本上還是以「體驗聆聽的過程」為重點。

訴說者：

擔任「訴說者」的角色時，要帶著覺察力來說話，不要亂說一通，要用心的、盡可能的說清楚，覺得不自在或不曉得要說什麼的時候，停下來，沉默一會兒沒關係。當你說話的時候，對方是不會回應的，所以一邊說，你要一邊留意觀察著念頭和感受的生起，某種情緒出現時，暫停一下，只要單純覺知到（不管是默默的或大聲的讓自己知道）即可，然後繼續。

兩個角色的共通部分：

這個練習會強化你與人對談時的覺性，讓你察覺到自己與人溝通時的習慣，你會有意想不到的發現。通常，對於自己的說話習慣，我們自己是看不清楚的，例如和朋友對話時，我們總是急著表達自己的觀點，比較不在意對方要告訴我們什麼。

如果我們能細心觀察自己「聆聽」和「訴說」的過程，就會明白自己有沒有超越這種「只為自己著想」或「只想滿足自己」的心態。好，讓我們開始吧！

練習方法：

找一個朋友，安排一段時間，兩人一起練習。

1. 彼此對坐，保持一個讓彼此自在的距離，約一張桌子的寬度。

2. 決定誰先當「聆聽者」，誰先當「訴說者」。之後兩人會互換角色。

3. 開始之前，花幾分鐘時間，把良善的、慈悲的心意帶入心中，思維一下。在接下來的練習中，兩人都盡量懷抱著這良善、慈悲的心意來對待彼此，以及自己。

4. 請「訴說者」選一個最近的、個人發生的事情作為話題，最好是一件讓你情緒略為波動的事情。但一開始

不要講太讓人痛苦的話題，選一個比較能讓人接受的，以輕鬆一點的方式來訴說。比如這星期工作時發生的事，或最近讓你印象頗深的一則新聞。

5. 至於「聆聽者」，只要聽他說即可，不需要回應。一旦有情緒冒出來，就練習「覺察間隙」：覺知著情緒，但拋開心裡編織的劇情、批判和衝動。試著讓自己保持在情緒的直接感受之中，同時盡可能敞開心胸，留意聆聽對方在說什麼。

6. 「訴說者」有四分鐘時間（最好事先設定鬧鐘）可以暢所欲言，「聆聽者」則只能聆聽，不能回話。訴說者在說話的同時，也要覺察著自己的心境和情緒。留意看看我們所說的話語，它的力量如何超越語言擴展開來，同時也別忘了在各種感覺生起時「覺察間隙」。

7. 四分鐘結束後，兩人角色互換，聆聽者變成訴說者，計時四分鐘。

寫下感受：

挑選以下的一則或數則問題作答，以心流寫作的方式寫十分鐘。沒有回答到的問題，日後不妨加以補答。

◆ 形容看看，只聆聽而不回應，這是一種什麼樣的體

驗？你有什麼收穫嗎？

◆ 形容看看，只訴說而沒有得到回應，又是什麼樣的感受呢？

◆ 你覺得什麼時候最容易生起慈悲和善意？什麼時候最難？例如，你可以回想任何內心生起批判心、負面的心境或恐懼時的感受，加以探索。

◆ 請回想過程中某些特別困難的棘手之處，例如批判心或恐懼被挑起的時刻，或是你發現自己注意力難以集中的時刻。

◆ 這個練習中你覺得哪個部分最愉快？

練習 5　用「心」聆聽

真正的溝通，似乎必須通過「慈悲」這道門才能達成。當你的心被「慈悲」照亮，你因而不再只在乎自己，或只想滿足自己，這時候你想要傳達的訊息，對方通常比較能夠接收得到。

不管是父母、子女或是枕邊人，如果你聽著他們對你訴說時，心中已經有了結論、批判或成見，那你根本聽不見他們要告訴你什麼。這也就是為什麼父母和子女之間、伴侶、夫妻之間的溝通，永遠都是困難重重。我們彼此聽不見對方

的聲音，只聽得見自己。不管別人說什麼，我們只聽到自己想聽的：自己的結論、自己的批判、自己的信念。

如果我們能敞開心胸聆聽，而不是馬上加以批判，或是直接跳到結論，我們頑固的觀點將因此軟化一些，這時候「慈悲」才有機會進場，對整個局勢造成影響。在這樣的溝通中，我們傳遞出一種信任感，這將會鼓勵對方對自己有信心，這是一種「慈悲」與「智慧」的結合，如此一來，你的行動之中帶有愛與真心，而你的愛與真心也會鼓舞而起，推動你的行動。你希望能夠真正幫助別人的心願，也將會實現。

所以，為了聽出一場對話之中的「奧義」──那場對話中真正要傳遞的訊息，我們聆聽對方的時候，要像聽音樂的方式一樣，用「心」來聽。當我們懂得這樣聆聽的時候，等於創出一個開放的空間，讓兩顆心得以合而為一。

想想看

想要讓慈悲心好好派上用場的話，你必須敏銳的知道眼前的狀況需要的是什麼，而要做到這一點，要先放下自己先入為主的想法，用一顆開放的心去觀看，去聆聽。

- 回想過去一段曾感覺被誤解的經驗──當你急需幫助的時候，卻因為別人無法聽進你的話，因此得不到幫

助的一段經驗。

◆ 接著想想另一個情況：當你急需幫助，而別人也清楚
  聽見你的需要，這樣的狀況。

◆ 在這兩種情況中，那位聆聽著你的對方，有什麼不
  同？

聆聽的練習

◆ 許下承諾，答應自己，在接下來的一個星期內，每天
  要有一次「全心全意的用心聆聽」，並且選定每天練
  習的時間、地點和對象。

◆ 在練習聆聽的時候，想起友善、慈悲的心念。

◆ 想想看，你的聆聽練習，有可能令哪些人受益呢？例
  如你的另一半、小孩、某位同事、某個鄰居……。

◆ 下次見到那個人，就用全心全意聽他說話。
  ——如果這個人和你很熟，而且心胸開放，不妨讓他
  知道你正在學習一個如何在溝通中增進善意的練習。
  如果對方感興趣，願意和你一起試試的話，你可以告
  訴他「聆聽者」與「訴說者」的角色規則，然後一起
  試試看。

◆ 試著在一天當中某段時間，在公眾場所或工作場合
  中，以全部注意力凝神專注於你與人們的對話，其他

時刻則完全放下不管。然後看看這兩者之間，與人的
互動有何不同。

◆ 如果你沒有傾聽他人說話的機會，你可以打開收音機
收聽新聞，一邊聽，一邊留意情緒的變化，練習「覺
察間隙」。

10
放下的加強練習：
放鬆！

練習1　放鬆，無論置身何處

想想過去

回想過去走進某個熟悉場所的感受，例如走進某個講堂、會場或是會議室，某個人群聚集之處，每當你來到這個地方，是不是就已經知道要坐在哪個位置了？你是不是有個最喜歡的座位？進門的時候，你注意到了些什麼？一片安靜或吵鬧喧嘩？井然有序的感覺或是亂成一團？房間裡的氣氛對你有何影響？讓你更舒服自在，還是相反？心情改變了嗎？你是否感覺到有股想要改變這空間裡某些事物的慾望？

讓自己接受周遭環境中的一切，放下想要改變它的想

法，有多難？當你坐在牙科診所的候診室時，心裡是不是開始嘀咕「要是座椅舒適一點就好了」、「要是有最新的雜誌就好了」或是「要是有扇窗戶就好了」？

偏愛某種環境、某個狀態，不是個問題，我們都是如此。問題是：從什麼時候開始，這種偏好，變成對於身邊周遭事物的挑剔、不滿，讓你的心不得安寧？

看看現在

現在你身處何處？你看到了什麼？你感覺到什麼？觀察此時此刻周遭環境帶給你的感官感受，留意看看，你的身體感覺到什麼——身體和座椅的接觸、空氣漂浮在皮膚上的感受、眼睛接收到的光線和影像、環境中的聲響、空氣中隱約的氣味、停留在舌尖上的味道……。

當你感受到當下的一切，和周遭的一切相連後，就放下剛剛努力的作為，放鬆即可。

想想未來

下次身處人群之中時，觀察自己和眾人的關係，旁人距離自己的遠近，會帶來不同的感受。站在摩肩擦踵的人群中，以及獨自站在一邊，和人群保持距離，帶給你的感受有什麼不同？留心觀察自己的反應、偏好，還有自己貼在這個

境遇上的標籤：這是好的，這是不好的，我覺得舒服、我覺得不舒服……。

每當你發現自己又開始貼標籤了，又開始批判個不停了，就暫停一下，快速的運用「覺察間隙」：感覺它、暫停一下、看著它→然後後退一步，綜觀全局→把注意力轉回自己身體，深呼吸，放下，放鬆。不管你緊抓不放的是什麼，都放它走，不管緊抓著你不放的是什麼，都放它走。

以這樣的方式觀察自己的體驗，可以幫助我們覺知到平常渾然不覺的習性，幫助我們看到事情真正的樣貌，而不是我們認為的樣子。同時也幫助我們能夠同情自己、悲憫自己、愛自己，因為如此一來，我們才懂得以同樣的方式對待別人。

練習 2　放鬆，和你的感官重新連線

身為現代科技世界的一分子，我們享受著科技的好處，但有得就有失。儘管現代人對於身體相當的迷戀，鍾情於瑜伽、運動、慢跑，或是性愛，但某種程度上，我們卻失去了和身體的聯繫。有時候我們對待身體就像對待機器一樣，身體只是一個讓我們可以玩最新平板、最炫手機、電動玩具、3D 電視的工具。

我們早就習慣用聰明才智取代真實的情感，我們思考著「感覺」，談論著「感覺」，但就是不去真正感覺那「感覺」。通常，都得要發生某些重大意外，例如一場車禍、颱風，或是胃潰瘍，才能把我們喚醒，回到身體當下的感覺。

有個簡單的「感官覺知練習」，可以帶我們回到「感覺的世界」，重回和這身體、這世界重新相連的感覺。下面要介紹的，就是這個和「五感」（視覺、聽覺、嗅覺、味覺、觸覺）相連的初級練習。這五種感官「向外」感知我們這世界中有趣的、美麗的、醜陋的、可愛的、嚇人的……一切，不過，它們也有「內在」的一面，因為這些感官就在我們體內。如果「外在」和「內在」能夠相連，我們會得到更完整、更深刻的體驗[11]。

一開始練習的時候，獨自練習比較好，以免被其他人引發你的習性。

鮮明的視覺

1. 在家中或戶外自然環境中，找一個安靜、舒適的地方坐下來，可以的話，讓身體挺直而舒適的坐著，然後讓視線輕放在一個自然的物體上，比如花朵（瓶中花也很好）、樹木，或是流水。一開始最好不要是人造物品（如公園椅、腳踏車、路燈）或其他人。試著

讓你的視野不僅只看到那個標的物，也看到周遭的事物，例如樹木或森林，不要太緊繃、太用力的集中焦點，不要讓眼睛疲累。

2. 放下「希望有什麼事情發生」的期望，就讓眼睛單純的看著就好，如果念頭、標籤、各種看法來到心中，就讓它們通過即可。

3. 想像你可以透過全身每個毛孔來看東西，同時繼續讓你所注視的物體繼續「流入」你的眼睛。

4. 經過一段時間後，你可能會覺得夠了，該是停止這個試驗的時候了，此時，重新集中注意力，讓視線在那花、樹或水流上再多停留一下，再多兩三分鐘。

5. 堅持下去的同時，開始留意身體內外的感覺，但不要在這些感覺上面貼標籤，任何概念、標籤出現時都輕輕的放下它，讓它去。試著觀察自己身上什麼地方有什麼感受：腳上的抽痛，背部的緊繃……就算你覺得這些和你所注視的目標一點關係也沒有。如果某個感覺改變了、移動了，不要試圖控制它，只要看著它，持續地看著、感受著身上的動靜。

11　此處的「外在與內在的感官練習」改編自那瀾陀菩提首座教師李沃莉老師（Nalandabodhi Mitra Lee Worley）的作品。沃莉老師是 *"Coming from Nothing: The Sacred Art of Acting"* 一書的作者，也是那洛巴大學的創始教授之一。

6. 結束時，不要急著起身，休息一會兒，慢慢的起身離開，同時，察覺自己對這練習生起什麼想法（我做得不錯、我做得爛透了、這麼做到底有什麼用……等等），輕輕放下它們。以此方式，你「放下」的功夫，就會越練越純熟。

自然的聲音

1. 播放一首你喜歡的音樂，但不要戴耳機。剛開始不要選無旋律或太狂野的音樂。

2. 讓自己舒適的聆聽音樂，想像你可以透過全身每個毛孔聽音樂，把全部的注意力放在流進這些「耳朵」的音樂上。每當發現自己分心了，東想西想時，只要輕輕把注意力帶回音樂上即可。

3. 接著，就像前面視覺的練習一樣，開始留意身體內外的感覺，但不要在這些感覺上面貼標籤，任何概念、標籤出現時都輕輕的放下它，讓它去。試著觀察自己身上什麼地方有什麼感受：腳上的抽痛，背部的緊繃……就算你覺得這和你聽音樂一點關係也沒有。你所要做的，就是讓聲音繼續進入身體，並留意看看聲音在體內何處鳴響著。

4. 音樂特別容易挑起情緒，當情緒被挑起時，看看你能

不能找到這情緒位在體內何處，把注意力放在那個位置，然後放鬆，不過，你會發現你很難單純的在情緒之中放鬆，因為你的注意力會很快的從情緒本身，轉移到對這情緒的種種看法與編織的情節上。這是個很棒的發現，讓我們看到自己多麼習慣於「思索」我們的感受，而不是去「感受」我們的感受。發現到這一點後，只要輕輕的把注意力帶回到身體的感受上，和純粹的情緒上即可。

5. 最後你可以深呼吸幾次作為結束，然後起身，繼續你的日常生活。

鮮活的氣味

1. 在身邊放一個有明顯香味的東西，例如一朵香花、一根肉桂，或點一支香，然後輕鬆坐下，閉上眼睛，專注在那氣味上。

2. 吸氣的時候，想像那氣味進入鼻孔，香氣充滿全身。放鬆腹部，讓呼吸祥和而深長飽滿。

3. 在這氣味的體驗與覺性中安歇一會兒，然後再一次的，留意身上有什麼感覺，放下任何想為這些感覺貼標籤的習慣。接著檢視看看，這氣味是否喚醒了、挑起了體內某個部位或某種感受？想像身體是中空的，

像個中空的氣球一樣，能毫無阻礙的吸進那氣味。感覺看看，身上是否還有哪些地方沒接觸到那氣味呢？想像那些部位也充滿了香氣。

4. 當你開始覺得無聊時，再多堅持一會兒，繼續練習。

5. 讓心安歇在身體的感受中，慢慢結束，自然呼吸。

進階的練習方法——當你覺得自己可以接受難度稍高的練習時，試試這麼做：首先，讓香氣隨著吸氣充滿你整個中空的身體，接著，呼氣時，想像香氣從鼻孔和全身所有毛細孔發散而出，讓整個室內空間都充滿香氣。甚至如果你喜歡的話，想像它超越了室內，遍佈了整個社區、城市、國家……愛多遠就多遠。

純粹的味道

切兩片一口大小的多汁水果放在盤子上，任何水果都行，水蜜桃或草莓尤佳。先輕鬆的坐在水果盤前面，由於前面做過的練習，你自然知道怎麼讓自己安頓好身心，感受著自己的身體。

1. 首先觀察看看，當你看著這盤水果，想著要吃這盤水果時，挑起了心裡什麼感受？或身體的什麼感覺？要吃到第一片水果，可能還得等上好一會兒，我們要一

步一步慢慢來，比起平常吃水果的速度慢得多。

2. 拿起一片水果，放在舌頭上，閉上嘴巴，讓它停留在那兒。感覺看看，此時體內有什麼樣的感覺？

3. 開始緩緩的咀嚼水果，但還不能吞下去，感覺水果汁液冒出、牙齒咬合、擠壓水果的感受，品嚐那味道。觀察看看，牙齒的咀嚼，舌頭嚐到的味覺，讓體內產生什麼感受？

4. 接著開始吞嚥，留意口腔、喉嚨的動作、水果滑落胃中的感覺，在這體驗之中短暫的停留一會兒。

5. 現在把注意力轉移到吞下食物後產生的影響，你是否感覺到體內任何一處有任何感覺？這感覺持續下去或是有所改變？

6. 以同樣的步驟吃第二片水果，看看自己能不能在保持覺察力的同時，讓整個過程進行得更流暢自然（或更快一些，如果你願意的話）。

進階的練習方法——試試看能不能在保持著覺察力，覺察著各種身體感受的同時，思索這水果的背後來歷：它的成長、採摘、運送、展示、購買……的過程，以及創造出這可口水果，讓你能在這當下享用的所有人員和因素，例如陽光、雨水……等等。

明晰的觸覺

最後一個感官覺知練習，要探索的是觸覺。

仔細觀察過其他感知「外在」的感官之後，此時你應該已經越來越能觸及內在的感官世界了。「觸覺」雖然總是與我們長相左右，卻也是外在感官覺知中最分散的一種，有時甚至令人難以指認出那觸覺到底是什麼。

觸覺有時很單純，例如撫摸一隻小貓，有時複雜無比，例如某種讓你生起悲憫之心的感受，或是讓你覺得墜入愛河的感受。甚至當某人對我們特別好的時候，有時我們會說他的善意「觸動」（touched）了我們的心。

在這一章中，我們對於感官的探索，是一種暖身，以備日後應付澎湃洶湧、不時帶來困擾的憤怒、嫉妒、慾望等等情緒。因此接下來的觸覺練習，我們將超越感官上的「觸覺」，進一步探索「這世界」是如何觸動我們。

1. 挑選一張你認識的人或動物的相片，例如家人或毛小孩。

2. 輕鬆坐好，安頓好身心，看一會兒相片，然後閉上眼睛，讓自己感覺著相片中人物或動物的存在，就像在面前。留意觀察這麼做是否在身上挑起什麼感受。

3. 幾分鐘後，張開眼睛，繼續感覺著那人物或動物，或說是感覺著他們的能量（vibration）。如果念頭很

多，就輕輕的把注意力帶回身體上，輕鬆的感受著身體和呼吸即可。

4. 放下心中關於這個人物或動物的種種想法。試試看你能不能擴大覺性的範圍，把你的注意力向外擴大，感受你身處的空間，同時也覺知著身體以及你和照片之間的空間。在這擴展開來的覺性中停留一會兒。

5. 一旦有能力完成上一個步驟時，你可以輕輕的讓一些關於照片中人物或動物的念頭在心中生起，盡量不要去操縱或調整這些念頭，只要注意看著種種念頭自然浮現，同時保持著醒覺，覺知著空間和自身。如果念頭開始讓你分心，把你扯離了這開闊的覺性，那就把注意力帶回到自己身上以及身邊的空間。再一次觀察看看，照片裡的人物或動物「觸動」了你身體內的什麼地方？

6. 結束的時候，從心間傳送出關愛與良善的念頭，傳送給這個人或動物，你可以想像這些祈願像光線一樣散發出去。這是一個祈願他們脫離痛苦、得到快樂的好機會，就像你希望自己得到快樂、脫離痛苦一樣，把同樣的祝福送給對方。

7. 然後就放鬆在這感受當中，安歇一會兒，不用急著起身離開。你也可以把這些美好的祝福更進一步傳送出

去，穿越室內空間，傳送給四面八方認識或不認識的
人們、動物。

11
重點不在於「完美」

你的偶像是誰？

想想看，有沒有這麼一個人，他擁有一種光彩，一種優美、良善或智慧的人格特質，而且總是樂於助人，因此啟發了你，鼓舞了你？

如果能有這麼一個「偶像」或「導師」，是一件很棒的事，因為有他作榜樣，讓我們願意繼續勇往直前，衝破懷疑、恐懼和障礙。他啟發了我們，使我們開始相信自己，信任自己的潛能。

與「偶像」之間的關係——就算只是遠遠的對一位藝術家或老師的仰慕——令我們勇於挖掘內心的勇氣和決心，而

原本我們還不曉得自己有這些寶藏呢。我們學會欣賞「為自己的困難和不快樂負責」的挑戰，也學會照顧自己，和自己的人生和好，一步步對情緒敞開胸懷，以此方式善待自己，慢慢放下「總喜歡怪罪些什麼」的衝動。「做自己」變成一件越來越舒服、越自在的事，你也越來越願意與別人分享你的體驗。心懷慈愛，善待別人，變成每天生活再平常不過的事，慈悲心的生起，變得如此自然。

當你變成這樣一位勇氣十足的人，你也將成為別人的榜樣，鼓舞別人勇敢起來。

想想看

◆ 你有沒有這麼一位（或多位）心目中的偶像？

◆ 他身上具有什麼樣的特質，讓你如此仰慕他？

◆ 這些特質是一種慈悲或勇氣的表現嗎？為什麼？

◆ 他的榜樣，影響了你做事情的方式嗎？在哪些方面？

◆ 你是別人心目中的偶像嗎？

重新檢視你的目標和動機

每週一次，問問自己幾個問題，以評估自己進展如何，並且重新強化自己的動機。你可以採用以下的問題，也可以

想出你自己的問題來問自己。同時，在筆記本裡寫下你的
「週記」，不時拿出來複習、閱讀。

- 我大約多久會記得要覺察自己的習性或在情緒上下功
  夫？記得的次數，每個星期都比上個星期更多嗎？

- 我這星期出現過哪些情緒？哪一個是最「要命」的？

- 在情緒解脫術的「三招」裡面，我這星期用了哪幾
  招？哪一招對「要命」的情緒最有效？

- 在我的情感生活中，我最想改變的是什麼？為什麼這
  個改變這麼重要？如果我做到了，我的人生會有什麼
  變化嗎？

- 練習情緒解脫術的三招，帶來我想要的效果嗎？如果
  沒有的話，我所得到的體驗和我期望得到的體驗，差
  別在哪裡？

- 我有試著學習怎麼對自己好一點嗎？例如這一週當
  中，是否有哪一天我打住了不斷批評自己的念頭，以
  鼓勵和讚美取而代之？

- 我對自己的願望是什麼？對於我生命中的人們，我又
  有什麼願望？

答案越具體越好。如果這個星期你發現自己失去了目標
與決心，回頭複習前一兩個練習，為自己重新設定一個正面

的目標。讓自己下定決心，在接下來的一週中，完成一個可以做得到的目標。同時，也設定一個長程的目標，那就是要讓自己從負面情緒中解脫出來。

下了功夫，一定有進步

覺察力，是在心上面下功夫的過程，但記得，這個過程不一定都是順心如意，特別是遇到棘手問題的時刻。

一方面，有時候我們感覺情緒已經得到轉化，我們跨過了某些障礙，體驗到某種程度的自在、某種情緒的解脫；但另一方面，我們還是跌跌撞撞，繼續做出負面的、徒勞無益的行為，然後嚐受這行為的苦果。沒有人是永遠完美的，我們的生命中總是不乏各種愚蠢的錯誤，和各式各樣的重擔。

每當你發現自己又犯了什麼錯誤，或被一陣情緒或恐懼耍得團團轉，你可能會覺得「我又失敗了」。這時候，把眼光看遠一點，別失去那廣大的願景，這樣的經驗並不表示你在這條自己選擇的道路上，一點進步都沒有，或是表示你的人生根本失敗。

只要你在「心」上下了功夫，你就已經有了進步，不論你做到了多少。而這不就是你一直在做的事嗎？只要你下了功夫想要認出自己的老習慣，試著對付它們，你就已經削弱

了它們的力量。你正在為快樂的未來打造美好的地基,從這個角度看來,失敗也是這個地基的一部分。成功就建築在失敗之上,通常我們都忽略了這一點。

所謂的「成功」,在解脫情緒的過程中,就像人生一樣,重點從來就不在於「完美」。你不能指望每次心情遭逢亂流的時候,就立刻看穿情緒的本質,好像家常便飯一般。當然,這不是件不可能的事,但這不是個「準則」,就好像你不能指望每年收入一定增加、事業一帆風順、房子越換越大、生活越來越舒適……「美國夢」並非俯拾皆是,這樣的理想狀況也不是個普遍現象。這種期望不但是個誤解,聽起來也相當無趣,因為這麼一來,人生不就像公式化的電影劇情一樣,片子一開始,你就可以猜到後面的劇情。

在真實的人生中,什麼事都可能發生,變化與無常是人生的真相,正因如此,人生才會是一場多采多姿的冒險。把這一點放在心中,會讓我們的看法更務實,同時,也會更有勇氣。

我們需要武士般的勇氣,才能面對和接受此起彼落的挫敗,進而把痛苦和迷惑轉化成比較醒覺的體驗。我們要像武術大賽中的高手一樣,為了獲得最後的冠軍,必須接受許多次敗北的經驗,才能從中學習到更好的身手。

有時候,我們會感覺這個世界好像把我們當成沙包一

樣，從四面八方賞予我們重拳，這時候，請記得失敗、失落、失望、憂傷和痛苦，本來就是我們人生的一部分，也是所有人的人生一部分。隨著我們的信心逐漸增強，對付情緒越來越拿手，我們可以選擇不再苦苦追逐不可能的理想，人生對我們而言，是一趟個人的旅程，充滿了驚喜和嶄新的機會，以供我們把人生活得有意義。

你的人生要怎麼開展，你要它變成什麼樣子，都掌握在你手裡，但如果你真的想要幫助自己和這受苦的世界一臂之力，請點燃你的慈悲，讓它熊熊燃起。

探索情緒篇

依照佛陀的說法，
我們的情緒在一片廣大的能量之中遊戲著，
那是一片鮮活、美麗、明亮，閃耀著光輝的廣大境界，
這充滿能量的領域就像純水，本身沒有顏色和形狀，
它是明淨的、透明的、清新的。

12

佛陀的妙方

全世界只有一個地方，你絕對能讓它變得更好，
那就是你自己。
——阿道斯・赫胥黎（英國作家）
There is only one corner of the universe you can be certain of
improving, and that's your own self.
—— Aldous Huxley

剛開始向一些西方朋友分享我面對情緒的經驗時，我發
現必須從西方人的角度來了解情緒，才能和大家有一個共同
的溝通基礎，不然只是徒增別人的困惑而已。因此我向幾位
朋友請益，包括心理學家、心理治療師、精神科醫師，請教
「情緒」在他們各自專業領域中如何定義。

但我發現，在這些領域中，對於「情緒」並沒有一個固
定的定義，只有依照不同學者的出身訓練與研究目標，或因
應工作需求所制定的定義。除此之外，就是我們一般人所知
道的，那些出現在歌曲中、故事中、夢想中對於「情緒」的
看法了。看來要了解心和大腦之間的關係，或說親身體驗與
科學實驗之間的關係，我們還有一大段路要走。

現在我想從佛教傳統的角度，來介紹情緒的智慧，或者說是「情緒解脫術」的源頭。

關於「心」，佛教傳統中有非常深廣的研究，那是來自幾千年來的哲學分析、思維和禪修的體驗。這些智慧的結晶一代一代傳了下來，從有所了悟的老師傳給求知若渴的學生，並確保傳下來的教法真實可靠、鮮活如新，這樣的傳承可以一直上朔至佛陀時代，就像一條沒有間斷的珠鍊一樣。

然而不管時代怎麼變遷，認識情緒的第一步，永遠都是「要先認識自己的心」，意思就是認識那忙碌紛飛的念頭和感覺，希望和恐懼，以及為自己帶來喜悅和淚水的「我」，也就是你。

情緒的智慧

一般來說，佛陀的教法常被分成三個層面，或以逐步漸進的三個階段來教學，每個階段都能開啟人類完全覺醒的潛能中的一部分，每個階段也都有其獨特的技巧，讓我們達到該階段的目標。

這三個階段，與「情緒解脫術」中所說的「看待情緒的三種態度」——也就是將情緒視為「負面」、「正面」和「不偏不倚」的態度，是相對應的。

在佛法之旅的第一個階段，我們把焦點放在自己身上，重視的是自己的解脫。我們願意直視內心的痛苦，學習堅強、獨立起來，為自己的情緒負責。在這個階段，我們學習「我的問題到底出在哪裡？」以及「解決這些問題需要的是什麼？」同時，我們生起強烈的決心，立志一定要把自己從痛苦中解救出來。

一旦我們對於與自心和情緒打交道有了相當的力量與信心，這時，就進入第二個階段，我們把焦點擴展到其他人身上，我們的世界變得更廣大，更樂於與人們密切相連。最後，在第三個階段，我們的覺性大大開展，自然而然的與周遭世界一切脈動的能量相契相合。

那麼，這三階段的佛法系統，對於「與情緒交手」的看法是如何呢？

佛教經典中把情緒分為三大類：貪（passion）、瞋（aggression）、癡（ignorance），一切惱人情緒全都發源於此，也全都包含有這三類情緒中的若干元素。經典教導我們逐步漸進、分階段的把這些負面能量還原為它們本來的面貌：清明的、悲憫的覺性。

其中一種很有用的修持方式，就是每天觀察自己，每當發現三大類情緒之一出現時，就提醒自己這些情緒的禍害。

八世紀時的印度大師「寂天菩薩」說過一個比喻，說明

執迷於某樣東西（也可說就是「貪」）所帶來的快樂是如何轉變成劇烈的痛苦，那就是蜂蜜的比喻。

想像你面前出現甜美的蜂蜜，聞起來是那麼的誘人，真想嚐嚐看，問題是這香甜的蜂蜜不是盛在美麗的碗裡，附上湯匙，不，它是裹在一片鋒利剃刀的刀刃上。於是，你輕輕地舔了一下蜂蜜，但味道實在太好了，你很想多吃一點，於是又舔了一次，這次用力了些，再一次，又用力了一點，就這樣一次又一次，你越來越熱切，對蜂蜜的渴望將你沖昏了頭，你的貪慾越強，就舔得越用力，第一口的滋味雖然美妙，一旦貪慾之火熾燃，你甚至沒發現每舔一次蜂蜜，底下的利刃就切下你一小部分舌頭。（這比喻實在太暴力了，應該被分類為R級。）

另外兩種情緒：「瞋」和「癡」，也會帶來不同的痛苦。「瞋恨」控制心靈的時候，我們是連一絲平靜也找不到，我們身體顫抖著、心沸騰著，無法專注也無法放鬆，連晚上好好睡一覺都很難。

在「愚癡」的矇蔽下，我們的痛苦是盲目、無明，就像在昏暗的房子裡想要看清屋裡的物品，但所見一切卻是模糊不清。情緒出現的時候，你看不見，也不了解它們會造成什麼影響，不知道情緒會讓你做出什麼舉動。最重要的，是你認不出自己的痛苦和這愚癡之心的關聯。在所有的惱人情緒

中，都有這種愚癡、看不清的特質。修持佛法，則可以將這種「沒有覺知」的狀態，轉化為清明的覺性和洞見。

只要一天不了解情緒的運作方式，我們就一天不得自主，只能任憑情緒擺佈，看情緒的臉色過活；這一刻覺得好開心，下一刻又心情低落，覺得好孤獨。我們有天氣預報，卻沒有「情緒預報」，完全不知道明天的心情是晴是陰還是雨。

為什麼我們就不能簡簡單單的快樂起來呢？佛陀說，原因出在對於「我」這錯誤看法的執著。

這個「我」，這個「自我」、「自己」，個人宇宙的中心點，其實與我們的想像有相當大的差距，我們似乎在「我」上面添加了太多特質，而它原非如此。例如，我們覺得「我」時時刻刻都是相同的，每一刻、每一天、每一年的我，根本上都是相同的。我們覺得：「從出生到現在，我一直都是我，就算有些小小的改變，例如身體長大、變老、心智也成長了，各種體驗、記憶也一直增加……但在這些改變之外，我還是感覺有一個『我』。」至於這「我」到底是什麼，卻是含糊不清，說不清楚，但我們不管，就是要執著於這不變的「我」的想法，對於所有能證明這想法矛盾的證據視若無睹。

尋找這個「我」，是佛法之中的主要修持。不管我們怎

麼找，在身體裡找，在心裡找，在天空尋找……就是找不到
「我」，只找到一條美麗的、豐饒的、創意十足、變化萬千
的體驗之流，找到了感官的世界，以及一條念頭、感受及想
像之流，在某些時刻，我們直覺的領悟到，原來我們所執著
的，只是外表看來彷彿恆常存在、堅實不變的幻象。

　這時候，是要放下呢，還是繼續執著不放？是要躍入嶄
新的體驗，還是聽從自我的命令，堅守陣地，繼續奮戰？正
當我們懷疑、執著、猶豫不決時，惱人的情緒就來了，把我
們從自我本質的直接體驗中抽離，我們發現自己孤伶伶站在
各種感覺和想法互相矛盾的戰場上，毫無選擇的成為戰士，
一位與情緒交手的戰士。

13
戰場上的勇士

唯一能夠把敵人轉變成朋友的戰士，就是愛。
──馬丁・路德・金
Love is the only force capable of transforming an enemy into a friend.
── Martin Luther King, JR

　　與情緒交手的第一個階段，我們把那些惱人的情緒視為敵人，而把自己視為戰場上的勇士。通常，所謂的敵人，指的是會傷害我們，讓我們痛苦的人。那些負面情緒已經傷害我們這麼深、這麼久了，「敵人」這兩個字，它們當之無愧。

把情緒當成敵人

　　把自己當作戰場上的勇士，是佛經當中的傳統比喻，在這戰場上，你必須一對一、面對面的和敵人單挑。你必須毫不猶豫、強而有力的幹掉每個衝上前來的挑戰者，否則就會敗陣下來。

憤怒、貪慾、嫉妒、傲慢、愚癡——以上每一個情緒都有辦法毀掉你的幸福、快樂，所以，面對一個眼看就要毀掉你身心健全的強大情緒時，你怎麼辦？你應該在情緒發動攻擊的那一刻，就要試著消滅它；在那些負面能量主宰你之前，就擊退它。你的戰鬥技術多高、使用武器的功夫多好，端看你所受到的基本訓練如何，這些訓練，在佛教中稱之為聞、思、修，也就是學習、思維和禪修。

在戰場上得到了「經驗值」之後，你的智慧就升高了，你對於敵人的厲害之處和弱點，都有了深入的認識，特別是它們的厲害之處，所以你絕不會低估對手。同時，你對自己也有了認識，知道自己在戰場上的優勢和弱點，知道什麼時候該接受進一步訓練。

有了這兩種智慧，你就比較有把握以智取勝，當你和一股情緒對陣時，你一眼就看出它有多大破壞力，知道自己面對的是哪一種「角色」，因為你記得，就算是個看起來天真無邪的憤怒念頭，如果你忘了覺察力，沒有覺性，它有可能瞬間就炸開，造成慘痛的傷害。

在心的戰場上，你的情緒敵軍還有個國王——自我，由「我執」的衛兵重重保護著。國王有三位個將軍，人稱「三毒」，也就是貪、瞋、癡。敵人不但裝備著由「自我」所發明的高科技武器，後方還有一群工程師團隊，擔任後勤補

給，增援前線戰力。成群結隊的敵軍蜂擁而來時，你獨自站在前線迎戰。這時候你必須承認自己是孤獨的，但是你仍屹立在戰場上，勇氣十足，充滿力量。

於此同時，你知道自己還是有一些弱點，不可能每戰皆捷，如果敵人太強，打不過三毒將軍和它們率領的負面大軍，你也會逃跑。有時候，最聰明的一招就是「戰略性撤退」，畢竟我們是戰士，不是傻子，這是戰鬥，不是自殺。

要逃到哪兒去呢？你只能逃到禪修座墊上去，此外無處可退。當你需要對「自我」和它的大軍進行更多研究時，你撤退到禪修座墊上，去學習更多關於「心」如何運作的知識——你轉心向內，看著自己的心，看懂剛剛打敗你的負面情緒用的是哪一種武器，使的是哪一路招式。

在這個階段，你對情緒很有戒心。想要抵消心的負面能量的話，就得要對這些負面力量知之甚詳、瞭如指掌才行，所以你派出間諜（也就是覺察力和覺性）去偵察敵軍動向，拍攝敵營照片，直到萬事俱備，胸有成竹，你才會再度出擊，試試看這一回自己的功夫練成了沒有。反正如果苗頭不對，你隨時可以逃跑，下次再捲土重來；下次還是不行的話，再逃跑。你是個聰明的戰士，足智多謀，自有辦法。

有些功夫電影，常常上演可憐的窮小子被武功高強的惡霸痛打一頓的劇情。小子被打得遍體鱗傷、只剩半條命，趁

著還有一口氣逃之夭夭。這時候,一位功夫大師出現了,不但救了小子一命,還傳授他畢生絕學。我們在螢幕上看著這孩子耍棍弄棒,東奔西跑,在空中像猴子似的跳來跳去,最後終於成了武林高手。所有高手該學的招數他都會了,再次遇到惡霸的時候,就是測試自己能耐的時機了。終於,這一回他打贏了,但靠的不全是拳腳功夫,還有他的勇氣、耐力和慈悲心,他徹底降服了自己所有惡毒的、破壞性的衝動,感化了對手,最後那個惡霸趴在男孩面前,向他頂禮。

所以,禪修墊就是你內在力量的泉源,是你擊敗敵軍的基地。在禪修座墊上,你可以找回智慧與慈悲,這兩樣武器是無敵的,而且你本來就有。當你自信的與本有的智慧與慈悲連上線,就是你重新回到戰場上與敵人──負面的情緒,一較高下的時候。

事實上,戰勝自己負面心念,就等於戰勝別人的負面心念,兩者是一樣的,為什麼呢?因為當你搞定了自己破壞力十足的情緒時,會對世界帶來強大影響,帶給其他人和你一樣平靜、祥和的境界,這樣的例子並不少見:馬丁路德金、曼德拉、翁山蘇姬……都是如此。

所以當你覺得有必要重新充電、加強訓練的時候,「戰略性撤退」是不錯的選擇,之後捲土再來,挺身一戰。身為戰士,是不會逃走以後就遠走高飛,一走了之的。

把情緒當成朋友

到了第二個階段，戰士對待敵人的態度有了些改變。情緒在你眼中，不再只是負面的、不好的、應該對抗的東西，或是應該丟得遠遠的，然後去尋找比較好的東西回來，不，現在你發現情緒也有好的一面，有正面的功能。你發現面對負面情緒的能量時，只要對它們下功夫，是可以轉化它們的，貪、瞋、癡在你眼中，不再只是毒物，而是有利用價值的，你知道你可以利用這些能量，將自己從情緒的騷動中解救出來。

經過和情緒這麼多次的交手，你的宿敵看起來有點像是老朋友了。你發現，如果不是有這些敵人的話，你永遠也不會變成戰場上的勇士，沒有對手，你就沒有征服的目標。所以現在每當情緒出現在心的戰場上時，你既不害怕也不嫌煩，你的勇氣在同一時間生起，你告訴自己：「讓它們來吧！」事實上，你還覺得挺開心的，相當樂意看見它們出現。你覺得這些強烈的情緒其實待你很好，對你有恩，因為它們的挑戰讓你變得更強！

這時候，你和情緒的關係翻轉了，情緒出現時，你的立即反應是靠上前去──不是要給它致命一擊，而是想要和它真心交流。你靠近自己的「貪慾」和「瞋恨」的方式，就像

是想和人們交朋友時走上前去握手一樣。

　　和敵人建立這樣的關係，其實是有點冒險的，戰士必須用上所有的智慧與技巧，而且並不保證成功，畢竟我們對付的是非常強大的情緒，一時三刻它可能還是以敵人之姿對待我們，但只要和它建立起友誼，敵人的力量就會匯入我們的力量，以前我們花了好大力氣與之對抗的能量，現在開始反過頭來幫助我們。

　　一個好戰士的目標是戰勝，而不是殺了對方，然後為所有人帶來幸福快樂，包括你的陣營、你的人民和敵方的人民。「毀滅」並不是我們的目標，目標是為一切有感覺、能思考的生命去除所有痛苦，帶來快樂。這是你衷心的願望，而你實現這個願望的能力，端看你和敵人交朋友的能力有多好，你們的友誼能發展得多深。與敵人合而為一，將讓戰士各方面的能力與素質大大增強。

情緒是覺醒的智慧

　　到了第三階段，戰士發現情緒赤裸無飾的力量和創造力，原來就是覺醒的智慧。這時候，情緒本身就成了我們的道路，我們用情緒來了悟心的本然智慧，我們發現所有這些惱人的心境：憤怒、嫉妒、貪慾、恐懼、懷疑、焦慮……這

些原本我們拒於千里之外，或要設法轉化的情緒，其實是智慧的各種不同面向的展現，我們其實不需要阻止它們、改變它們。如果我們能把遮蔽情緒原貌的重重概念卸下，就像掃除遮蔽陽光的烏雲一般，那麼，就能見到心的覺醒境界。

當你面對任何情緒，不管是憤怒、慾望、愚癡或我執本身，或是含括在情緒之心的任何元素，當你看著它們的時候，這些情緒其實不只是造成痛苦的惱人能量，它們的出現更是要傳達一個深刻的訊息。

情緒的鮮明展現，其實是一面鏡子，讓你可以看見自己的本來面目，而這面鏡子並不是掛在昏暗的房間裡，因為你有覺性，你的覺性就是照亮空間的光，讓你可以看見自己在鏡中的臉孔。也就是說，情緒幫助你看見自己的真實本質，那超越了「個人」、「自我」的本來面目。當你單純的體驗著它，不添加多餘的「評論」，這時便會有一種合為一體的感受，一種圓滿的完整感，這時候，你不只見到了你在鏡中的臉孔，也認出了它就是你的本來面目。

我們很難以言語描述這第三階段的體驗，因為那轉化過程的核心之處是超越概念的。這時候，戰場上的戰士已經進入了宇宙的次元，依照心的直覺領會行事，與「自我」和「三毒將軍」的戰役雖仍不時上演，但勝券早已在握，戰士已經完全取得了整片廣大領域「覺性的明亮廣大境」的統御

權，他信心十足的知道，這片廣大境是屬於他的，而不再是敵人的統治區。

事實上，他和這片廣大境已經合而為一，戰士移動時，整個空間似乎也跟著移動，彷彿整個世界都為之震動。在這戰士與虛空合而為一的境界中，你的敵人——惱人的情緒和我執的念頭，顯現在這面遍滿虛空的宇宙之鏡中，五彩繽紛的影像妝點了鏡面，使這面鏡子活力蓬勃、鮮活美麗，沒有它們，鏡裡的景象未免就有點無聊了。

在這個階段，戰士所統御的不僅止於虛空的廣大之境，還包括所有的土地和海洋。貪慾、瞋恨、嫉妒……的顯相就像海洋上的波浪，從你心中的海洋湧現，然後又消融回大海之中。當戰士在廣大的心海之上巡航時，浪濤從四面八方翻騰而起，挑戰著他的勇氣與信心，同時也讓大海看起來更美麗。因為這些波浪，這趟旅程多了一些驚險色彩，但也因此變得更有趣、更好玩。如果沒有波浪，海洋不就成為一片呆滯的死水？沒有人會想在一片死水上航行。同樣的，沒有念頭和情緒的心，未免就太死氣沉沉、傻愣愣。

海浪讓大海看起來更美，就像敵人的顯相讓戰士看起來更棒，這是什麼意思呢？顯相讓你的體驗「更棒」的意思是，它們讓你的體驗更多采多姿，更鮮活動人，甚至更讓人喜悅！戰士再也不把敵人當成敵人了，甚至也不把它們當朋

友，「朋友」和「敵人」的概念終於被超越了，變成無畏之心的一部分。

在這時刻，勝利是自然而然的結果，這是遍及一切的全面性勝利，是合而為一的喜樂。這位戰士，這位英雄，披掛著敵人的燦爛裝飾，在輝煌的光芒中現身。

這樣的說法，目前聽來可能沒什麼道理，很難理解，這是很正常的事。這是一趟通往嶄新國度的旅程，不過，或許我們其實是要回到一個過去曾經去過的地方。我們曾經嚐過這個國度的食物，見識過這個國度的幾個景點，現在我們要開始學習這個國家的語言，準備把這國家當成自己的家鄉。不用急，慢慢來，對於這個嶄新的世界，我們會越來越熟悉。

戰士、廣大境、敵人的合而為一，對於「自我」來說是個可怕的壞消息，但同時，這也是個好消息，因為我們最終尋獲的智慧，就在自我之中。畢竟，走上這趟心靈旅程的「那個人」，就是自我，心靈之旅來自於自我之旅，就是這個大膽的「我」走上追尋解脫之旅，想要讓「我」從「我」的枷鎖中解脫。「我」走上了追尋「無我」的旅程。所以在這「我執」之中，有其神奇之處，有智慧藏在其中。

同樣的智慧，也出現在「自我」的將領們，也就是「三毒」將軍（我們的貪、瞋、癡）的身上，以及它們手下所有士兵的心中。但如果我們一直往其他地方尋找答案，是看不

見這神奇之處的。當然，答案到處都有，就連你沒有問的問題都有答案，而且伸手可得，就像你身邊的智慧型手機一樣。不過，能夠轉化人生的真正智慧離你更近呢，要找到它你必須有信心，不是對外在的事物有信心，而是對自己的情緒和其中的智慧、對大膽且美麗的自我，和我執中的智慧有信心。

14

何謂佛教徒

很多時候，你比較需要改變的是自己，而不是周遭環境。
——亞瑟‧克里斯多夫‧本森（英國作家）
Very often a change of self is needed more than a change of scene.
—— A. C. Benson

　　練習「情緒解脫術」，不需要成為一名佛教徒，甚至不用是個熱衷於心靈課題的人。書裡介紹的這些方法，並不會把你變成一個佛教徒。你可能會想：怎麼可能呢？畢竟其中許多重點和原理都來自於佛教傳統。那麼，或許我們應該先來看看佛教是個什麼樣的傳統，看看什麼是佛教徒，還有所謂的「佛法修行」到底是怎麼回事。

　　成為一個佛教徒的意思是，你願意真的去探究、去認識自己的心，發展自己本有的潛能，讓其中的智慧與慈悲展現而出。這是佛教的主要重點，也是定義一個佛教徒的特質。

　　雖然佛教被認為是世界上的主要宗教之一，但是佛陀所教導的佛法，其實未必算是個宗教；而成為一個佛教徒，也

不同於加入教會或某個宗教組織。當然，人們可以選擇以一種比較著重於信仰、比較偏向宗教的方式，來當個佛教徒，世界各地有許多這樣的例子，但是，真正作為一個以佛陀為榜樣的追隨者，其實代表的不只如此，它代表的是：你要深深的探索自己身心的存在，致力於發現其中的真相。

以這樣的角度看來，佛教比較像是一門生命哲學，另一方面，也可以說是一種「心的科學」，因為它研究的是「心的知識」，然後應用那知識賦予我們生命更美好的力量。從這方面看來，佛法的修行是非常直接而實用的。

修行佛法比較像是把我們生活中的諸般種種「單純化」，而不是把它變複雜，如果是一門宗教的話，有時就比較偏向後者。然而我們的生命、我們的世界已經充滿這麼多複雜的事物了，真的需要再多一個複雜的東西嗎？

究竟來說，整個佛法修行之道為的是找出自己究竟是誰、對自心下功夫、和情緒打交道，並開啟自己本有的潛能。所以修行這條道路不存在於外界，不是某種我們必須向外苦苦追尋才能用得上的東西，也不是攀爬某座神祕聖山的迢迢長路。而且，如果說修行是為了脫離日常生活，那是完全搞錯重點。佛法這條路要做的是找出「我是誰」、「我是什麼」、如何切斷負面的老習慣，然後讓我們最好的一面閃耀而出。

關鍵在於，我們不應該把生活與修行之道分開。初學者可能會感覺佛法和生活是截然不同的兩件事，但如果你能把兩者合而為一，會為你的修行體驗帶來巨大的改變。

一開始，我們的想法是這樣的：「嗯，好，這是我，這是我的生活，而那是所謂的『佛法』，一種偶而會出現在生活中的東西。」當我們這麼想的時候，就是把修持佛法當成某種特別的、日常生活以外的東西，就像去參加宴會一樣。我們告訴自己：「好，現在我要進房間去禪修了！」走出房門，就覺得「我又回來了」，又回到「日常生活」了，而「佛法」、「禪修」則不見蹤影。如果情況總是如此，我們就不算是真正了解佛法是什麼。

在佛法修持的道路上，我們會學習到各式各樣的方法，幫助我們生起自知自覺的智慧，而這將能解除我們的所有痛苦，包括最深沉的苦痛在內。造成痛苦的原因，就是我們心中那層層疊疊的迷惑、錯亂，就是它們讓我們見不到心的澄明本質，就是它們阻擋了我們，讓我們無法展現心中原本就有的愛與慈悲。

佛陀的心靈工坊

據說，佛陀曾經傳授了八萬四千種法門，也就是說，佛

陀留了一個超大的工具箱給我們，每個人都可以在其中找到適合他的工具。而針對不同的狀況，也有各種不同的工具可以解決問題。假如有顆螺絲鬆了，你需要的是榔頭或是螺絲起子？用錯工具的話，不但不能把事情搞定，情況可能還會更糟。你可能毀了螺絲，也可能把牆鑽破一個洞，但如果用對工具，把螺絲旋緊是件再容易不過的工作了。

不過，工具是不會自己從工具箱裡跳出來的，不是嗎？我們必須自己動手。

佛陀教導我們的所有佛法，都是為了讓我們「修理」好某個問題的工具，但首先我們必須取得這些工具，了解什麼工具有什麼樣的功能，然後學習怎樣使用它。然而，我們不只要學會怎麼使用工具而已，當使用這工具的時機來臨——也就是當某些事物開始崩壞，我們開始慌張失措時，我們必須願意使用這工具才行。從這角度看來，佛陀教導我們的東西有點像是雜誌裡常見的「自己動手做」一樣。

隨著我們一天天練習使用佛陀的教導，慢慢了解自己的心和情緒到底是什麼，我們會開始內化自己學到的知識，直到它變成親身體驗，然後，慢慢的，我們會越來越熟悉這些體驗，最後這些體驗會更加深化，搖身一變成為超越言語的「了悟」。

這過程就好像讀一本書。我們先是讀懂了書中的文字說

些什麼，接著直接體驗到這些文字訴說的意境，最後這些意境成為我們生活的一部分，我們以多采多姿的生活，活出這書裡的內涵。

最初，對於佛法的了解，來自於聆聽教導、上課學習、與人討論，這讓我們對於佛法，對於佛法所說的「心」，有一個清楚的、概念性的了解，我們發現這充滿概念的心也有清晰、明亮的一面──心可不是一大堆亂七八糟念頭的組合而已。慢慢的，我們一天天花時間思維自己學習到的知識，體驗隨之生起。我們不再只是一再思索著「心」的課題，而是真的把所學「用」到心上去。例如，過去我們一直學習關於「憤怒如何作用」的知識，現在當我們真的感受到憤怒時，我們要把所學的一切用上去，我們要把知識揉合進體驗之中，讓兩者摩擦，直到擦出洞見的火花。

這時候，就是禪修的好時候了。禪修，是讓真實了悟誕生的最完美「培養皿」。當「洞見」的火花燃起，所有迷惑的念頭都在智慧之火中消融殆盡時，「了悟」就出現了。

火花是來來去去、時有時無的。但是當火焰燃起──當你了悟到情緒的智慧時，這了悟是持續的，不會改變的。

這裡所說的「禪修」，指的是靜坐或安住的禪修。禪修的種類非常多，包括念誦咒語、觀想佛像等，但是佛陀教導的「安住」禪修非常單純，就只是坐著，除了保持輕鬆、挺

直的坐姿、不費力注視，並觀照呼吸，此外就沒別的事好做了。如果有念頭來了，就放下它，隨它去。

關於禪修的二三事

我們平常的習慣是一直想個不停，想著昨天發生的事，十年後可能會發生的事……我們的心是個時間旅行家，不斷在過去和未來之間來回穿梭，要我們待在當下，會讓我們渾身不舒服，我們寧願讓自己忙一點，忙著做點什麼，不管是身體或內心的忙碌都好。

所以這種「只是靜靜坐著」的練習，乍聽之下有點不近人情，但事實證明這種練習是放下日常壓力、焦慮的最好方法，能夠讓那似乎永無休止的忙碌之心歇息下來。

禪修的重點是：首先，改變你那總是想要忙個不停、不斷的要做點什麼事的老習慣。讓自己單純的坐下來一會兒，什麼事也不做，只要看著你的心就好。就這樣帶著覺察力坐著，如果心飄走了，記得把它帶回來。如此一來，你那些老習慣就得不到太大的發揮空間，只能短暫出現，而這已經是相當大的改變了。

漸漸習慣靜坐練習後，你會逐漸體驗到一種開闊、寬廣的感受，一種明晰的、明亮的感受，你會認出那是你本來的

自然狀態，是自心的本性。痛苦在此失去了力道，它一生起就消融，消失得無影無蹤。

禪修的方法非常多，但所有的方法都有個相似點，那就是讓你的身心「安落」下來，把覺性帶回當下，為了幫助自己做到這一點，你可以把心輕輕專注在眼前的一個物體上，或輕輕的把注意力放在呼吸的出入息上。

花一點時間，讓自己這樣靜靜坐著禪修，然後放下其他不必要的努力，就只是放鬆，做自己。這是你認識自己、和自己交心的親密時光。你就只是坐著，看著心，看著來來去去的念頭、情緒、感官的感受……你看著這一切，然後放下它們，隨它們去。你什麼也不用做，不用改變它們的狀態、解決它們的困難、評估它們的價值、貼標籤、阻止它們、讚美或懲罰它們，不，這只是一個輕輕柔柔的，看到就放下的過程。你越不去打擾你的念頭，你的念頭越不會打擾你。

於是，你終於有機會認識自己的心，你知道讓心動盪的是什麼，讓它平靜的又是什麼，你一再傾聽著心的傾訴，直到你們慢慢的變成朋友，然後你發現，你的心中除了那些一再重蹈覆轍的頑固老習慣以外，也具有洞見力、創造力和慈悲心。我們一直以為自己的心，就是平常那樣忙忙亂亂、壓力重重，除此沒別的了，但其實它充滿了我們尚未看見，也從未想像過的美好力量。

以此方式，往內看著自心，你就進入了飽含創造力的情緒能量領域。很快的，當情緒一個個在心中冒出時，你將能夠快速的區別它們，而不是只看到一團模模糊糊的東西。你只是坐著，看著你的心裡發生的一切，就像看著孩子們嬉戲，或是看著天上的浮雲飄過，就能達成這一切。

當你聽到一些佛陀所教導的關於心的道理，並且加以思維，你就等於已經打開了這個工具箱，開始學習怎樣使用這些工具了。經過一些禪修練習之後，你發現在「心」上面下功夫，是一件真正可行的事──你可以讓它平靜下來、清醒過來、或冷卻下來……你開始發現自己可以作主，而這條佛法的道路是真實不虛的。有些東西被觸動了、被啟發了，探索情緒變得比以前有趣得多了！

媽媽說的故事

我母親告訴過我一個故事，關於她第一次看電影的經歷。那是在印度，她和一位女性朋友一起去電影院，看她們生平的第一場電影。這片子是印度知名的明星主演，片中那位明星飾演的好人遭到壞人嚴刑拷打，全身血流如注，傷痕累累，但壞蛋覺得這樣的折磨還不夠，決定在他的傷口上抹鹽。我母親轉述，就在這時候，她那位朋友實在受不了

了，站起來對著螢幕大喊：「住手！快住手！你不可以這樣做！」整座戲院都聽到她大喊大叫。

我們很容易就迷失在戲裡。剛開始，我們知道自己是在看一齣戲，一部虛構的電影，一切都是假的。沒多久，我們就被捲入劇情，開始相信螢幕上出現的一切。當然，這意味著這部片子拍得不錯。我們太入戲了，忘了自己其實是上了導演的鉤，掉入他設計的幻象中；現在，那已經變成我們的幻象了，我們被情緒的戲碼牽著鼻子走，以至於最後忍不住對著螢幕上的光影大叫。

問題是我們該怎麼做呢？怎樣停止編織這張讓自己深陷其中的大網？我們需要一個逃脫的策略，我們的策略是什麼呢？

禪修是讓我們直接與心接觸的最佳管道，是改變那些造成痛苦的習性最好的方式。雖然這些習性的印痕是如此深烙心中，僅只一、兩次與心的面對面接觸，無法改變它們，但禪修啟動了這個改變的過程。我們所要做的就是把每天生活中生起的念頭、情緒，經歷的高低起伏，困難和迷惑，不管遭遇什麼，都帶入禪修中，否則，當某個情緒的習性又打算要在心中落腳時，我們一時之間很難想出改變它的最好方法，例如，當你的「前任男友」和他的「現任女友」突然在你眼前走來的時刻，你之前在禪修中培養出的覺察力和覺

性，不管是多或是少，在那當下，都成了轉化負面習性的關鍵力量。假以時日，經過一再地練習，這個過程會變得越來越不費力，越來越不需要多想。

在人生的盡頭

如果我們沒有把學習過的、思維過的佛法實際用在「心」上，到了人生的最後階段，這些學習和思維也沒有什麼利益。如果我們所作的一切，只是讀了幾本書，思索過書中說的話，那就像是去了很棒的餐廳，點了最好的美食佳餚，卻從來未曾把食物放進嘴裡，沒有讓飢餓的肚皮得到過滿足。

同樣的道理，沒有禪修，就永遠無法品嚐心之本性的美好滋味，永遠無法欣賞、享受到情緒的本質：智慧。如此一來，你學到的所有知識，就像是銀行裡提不出的存款，無法花用，無法用它來得到你需要的東西。

當然，你所需要的東西，對你來說，有時急切，有時不怎麼急。當你身強體健，無憂無慮，口袋裡有一點兒閒錢的時候，你不會太著急。但當恐懼與憤怒成為你每日的難題，或者人生突然遭遇重挫而分崩離析，那就不同了。

而對我們所有人來說，有一個同樣急需幫助的時刻，那

就是臨終之前，當我們躺在床上，望著白色天花板的時刻，當所有的執著、悔恨和恐懼都來敲你心門的時候，有誰幫得了你？

幸運的話，愛你的家人和朋友會在旁邊握著你的手，但這時候最好、最可信賴的朋友，其實是你的心。人生的旅程到了某個時刻，是沒有人可以陪著你走的，當你進入「此生已終盡」的關頭，沒有別人可以看見你所見到的、感受你所感受到的。從那一刻開始，與你相伴的，只有你的心。你對自己的心越了解，就越知道怎樣讓它安歇下來，怎樣讓它放鬆。這就是為什麼在禪修中練習看著自己的心，是如此的重要，你的最後一個念頭，或許就能讓你得到解脫。

當你真正熟練的掌握了與心打交道的方法，你就得到了所需要的一切，你不需要別人來拯救你，你擁有所有的工具，你有智慧、有力量，足以完全轉化任何情緒的挑戰！

15
潘朵拉的盒子

心推動著我們，決定我們的命運。
——伊莎貝・阿蓮德（智利小說家）
Heart is what drives us and determines our fate.
—— Isabel Allende

　　一旦展開探索情緒的旅程，我們必須點亮心燈，照亮裡頭我們從來沒見過的地方。這可能會有點嚇人，就像打開潘朵拉的盒子，我們不確定裡面到底有什麼。會不會釋放出無法控制的黑暗力量？而且塞不回去？或者，我們會在其中發現美妙無比的寶藏？

　　當我們終於打開這個叫做「心」的盒子時，會看到各式各樣的東西：五花八門的念頭、感受、記憶、判斷、看法、標籤、概念……或新或舊，或活蹦亂跳或死氣沉沉，到處嗡嗡作響。對某些人來說，就像家中廚房抽屜裡的東西一樣雜亂，但對另外某些人來說，他們買了很多收納盒，所以廚房每個抽屜裡都井井有條。

無論如何，我們持續往這盒子裡加入新的收藏品，我們將所有經驗和感受，透過先入為主的概念與成見的濾網一一加工，再丟入盒中。而且我們總想搞懂每個片刻的體驗代表什麼，於是透過臉書分享、部落格和推特的濾鏡，去詮釋自己的經驗。

這些經驗其實有其直接、即時的一面，那是我們和世界緊密交會的一刻，沒有加工或過濾，你和當下收到的這則簡訊之間，你和兒子的這聲呼喚之間，沒有任何阻隔，「好」與「壞」的概念還沒有跳出來排擠當下體驗的清新感。

就在這一剎那單純的直接體驗之後，緊接而來的就是念頭，例如，你的眼睛看到一個物體，你的心就說：「花」、「腳踏車」，但在這念頭之前，有一種原始的體驗，有一個與世界真實相連的體驗。

對於這種心的原始體驗，我們常用「本初」（primordial）這個形容詞來形容它，這兩個字聽起來有點遙遠的，彷彿是用來形容恐龍還在地球上的時代，但其實它形容的是「此時此刻」，眼前這剎那，那是個「第一手」的經驗，還沒受到別人的感覺或意見所影響，或受到自己念頭的意見所左右。

接著出現的那一大堆念頭、標籤、概念，具有一種侷限、壓縮的能力，把我們的體驗擠壓進一個窄窄的管子裡，

於是，你的視野就只有那麼窄，只能看到念頭要你看的部分，聽到念頭要你聽的聲音，聞到念頭要你聞的味道……等等。這和佛陀所說的如何與心相處的方法，剛好相反，佛陀說的是：看著一朵花的時候，就只是看著它，很簡單，別加東西上去。聽一首歌的時候，就只是聽。

在每天的日常生活中，我們常常錯過這清新的體驗，我們比較習慣於「略過」這些清新的片刻，在下一批體驗進駐時才醒過來。當希望、恐懼和各種想法、看法現身的時候，我們不會錯過，但是在與事物連結的那直接、純粹的第一個剎那，我們卻是心不在焉，迷失在念頭之中。

為何這直接的體驗如此重要？因為直接的體驗帶給我們的是更真實，更正確的訊息，也是我們練習「情緒解脫術」所需要的訊息。而且，每天出門上班時，如果你能夠看一看天空真正的色彩，或是當你穿上襯衫時，能端詳一下它真正的顏色，你會覺得更煥然一新、元氣充滿！

情緒，佛陀如是說

依照佛陀的說法，我們的情緒在一片廣大的能量之中遊戲著，那是一片鮮活、美麗、明亮，閃耀著光輝的廣大境界，這充滿能量的領域就像純水，本身沒有顏色和形狀，它

是明淨的、透明的、清新的。

接著念頭來了，以各種標籤、判斷和情節，將這片明淨的能量染上色彩，每個念頭都像顏料滴入水中一般，將它的顏色混入水裡。當心的純淨能量混合了念頭之後，你會怎麼樣呢？你的心就變得多采多姿，又閃亮，又富於表現力——這就是我們所謂的「情緒」。

那麼，這瓶叫做「情緒」的能量飲料（它可不像那些沒有維他命的「維他命飲料」），裡頭有什麼呢？裡面只有兩種成分：能量和概念。那能量是明亮的、清新的、滋養的，能夠提供我們力量，而二元對立的念頭（也就是概念）則在這能量中添加色彩，甚至添加一些風味。能量＋概念，就這兩樣東西，把它們混合在一起，就調配出這瓶貨真價實的能量飲料！

好了，現在能量和概念混合在一起了，這概念的心開始把毫不相干的事情串連在一起，而我們則被牽著鼻子走。「不要洗那件襯衫！那是我的幸運服，今天有一場重要比賽！」「那個四肢發達的傢伙，怎麼可能成績比我好，一定是作弊得來的。」就像這樣，我們開始捏造一些有的沒的事。

概念的心非常善於為那能量添加色彩和味道，同樣厲害的是，概念心「設定方位」的能力，因為在實相中，情緒的能量是沒有方位的。情緒的能量清晰鮮明、開闊廣大，是沒

有邊界的能量領域，它出現於概念之前、參考點之前，在其中，沒有任何「我」、「你」、「這裡」、「那裡」之類的東西，而概念之心的工作就是把它釘牢在某個點上，把它變成某種我們可以用念頭處理的東西，也就是說，它指定了一個位置，要那開闊的能量待著，並搭建起一些關聯性。

如果不設定方位的話，我們會完全迷失在這世界中。位置和關聯性，是讓我們感覺一切正常、這世界的存在合情合理的關鍵。這就是為什麼 Google 對我們這麼重要。每當你不知身在何處，只要拿出手機，打開 Google 地圖，看看「目前位置」，它會告訴你身在何處，以及該往哪個方向走。這就是概念之心時時刻刻都在做的事，它創建出一種有實質的現實感，裡面包含著我們與他人的空間，足以讓彼此之間建立各種關聯，所有這一切交會在一起，讓我們的情緒之心更加多采多姿，更生動、光亮。情緒的這個特質就像是汽水裡嘶嘶作響的氣泡，讓平淡乏味的飲料，有滋有味了起來。

毫無疑問的，情緒是人生中驅策我們的動力，憤怒、嫉妒、慾望、恐懼……但同時，如果真的仔細看著情緒，我們是無法在其中真的找到某個堅實的、叫做「憤怒」、「慾望」……的東西。在能量與概念之外，什麼也沒有，沒有任何實際的、有實質的、可以讓我們抓取的東西。

當一陣典型的怒氣（能量＋概念）發作之時，那是能量

擾動、衝撞的那個面向的展現。能量與概念兩者合而為一的時候，表現方式可能南轅北轍，我們可能體驗到粗暴的一面，也可能體驗到柔順的一面，可能體驗到正面，也可能體驗到負面。但如果你只單看憤怒之中的能量層面，會發現它的本質，其實是「慈悲」。在那能量的領域之中，基本上有一種柔和、溫暖、開闊的感受，同時還會感受到一種強大的創造力的潛能。

有次我看了一部我們傳承中某位上師開示「心經」的影片。心經是佛陀教導「空性」的經典，在這部經中優美的講述出萬事萬物都是空性，沒有實質的道理。而在影片中某個段落，這位上師開始數落情緒的缺點，告訴聽眾情緒有多糟糕、多負面，大家一定要想辦法克服它們，並了悟情緒的空性本質。這時候觀眾席中的一位西方學生發問說：「如果我們必須捨棄所有情緒的話，那怎麼會有創造力呢？」這問題問得相當合情合理。

大部分現代文化應該都認同情緒對創造力的重要性，想想看，那些痛苦的情緒啟發出多少美麗的歌曲！聽聽那些藍調、鄉村音樂，還有搖滾樂！在那裡面，所有的情緒一應俱全，失落、懊悔、渴望、嫉妒、責難……以及一切出自慾望的希望與恐懼。

我有個學生是古典樂迷，有一陣子她擔任我的司機，載

我赴約及處理事務。一路上，她不停的播放著貝多芬、舒伯特……那群傢伙的音樂。雖然平常我比較常聽的是「槍與玫瑰」樂團，但現在我毫無選擇，只好接受，也跟著聽。很意外的，我發現這些古典音樂竟然具有這麼強烈的情緒感染力，如此的純粹、直接，根本就是通往慈悲心的另一條管道。

所以，情緒絕對是創造力的源頭之一，但創造力真正的來源，卻是來自那沒有添加任何念頭、概念、標籤的純粹能量，那是一個只有覺性和能量交會的片刻，而不是概念和能量的組合。在那片刻之前或之後，或許會有某些概念、標籤，但在那一個剎那，是沒有概念的。

任何一個真正的藝術家，都可以告訴你那是一個什麼樣的剎那——某些時刻，畫家的畫筆會自動在畫布上揮灑，許多詩人、雕刻家，當然還有音樂家，也都曾經經歷過相同的片刻。那是一種彷彿「繆思降臨」，或是靈感現身的時刻，而這位「繆思」其實住在我們每個人內在之中。當這位繆思現身的時候，會有一種創作力運作自如的感受。你不需刻意努力，它會自動幫你完成。

有時候，這種體驗會由強烈的情緒所啟動，例如強烈的慾望或憤怒，但當你進入這樣的領域時，務必小心，請確定你可以應付得了這能量，記得嗎？一如以往，其中有兩種成分：「概念」與「能量」，兩者正在共舞。如果你不能把兩

者分開，最後可能投入了概念之中，而在概念的領域中，創造力將會窒息。最後你只會感覺挫折不已。但如果你學會如何契入「能量」的部分，並放手任由它去，不試圖把它形塑成念頭所想的樣子，那將會是一次美麗的、鮮明的體驗，其中會發生什麼？每個人各各不同。

讓我們繼續剛才「心經」影片的故事。在我所觀賞的那部影片中，那位上師說：「噢，不不不，所有的情緒都是壞的，我們一定要放下它們，一定要轉化它們。」所以，我們可以看到其中有一種東西方的文化隔閡，對於情緒的認知有文化落差。在佛陀的基本教導中，是沒有落差的，但從不同的文化看來，我們會有很多各式各樣的看法、見解、經驗，也就是所謂的「詮釋」，對於佛陀所教導的佛法，有許多種詮釋，而本書中所呈現的是我的詮釋，主要依據來自於金剛乘中兩個傳承的教法，例如寧瑪派「大圓滿」傳承中的〈普賢王如來祈願文〉[12]，以及「大手印」傳承中的許多教法。本書中對於情緒的見地主要來自於此。從佛教中金剛乘的角度來看，情緒就是那明亮、清晰、飽含創造力的覺性。

12　普賢王如來祈願文（The Aspiration of Samantabhadra）：是藏傳佛教中最重要的願文之一。本樂仁波切以此願文為基礎，有一本同名的釋論著作，中譯本已由橡樹林出版社 2013 年出版。

16
謙遜──重回自己真實的面貌

名聲可以換來許多事物，但卻不能幫你換燈泡。
──吉爾達・瑞德爾（美國喜劇演員）
Fame changes a lot of things,but it can't change a lightbulb.
── Gilda Radner

　　在日常生活中，如果我們能以直接、誠實的態度，面對「我是個什麼樣的人」這件事，這將會是培養「信任自己」的絕佳起點，這信任是一種相信自己能走向自己想去的地方，能完成想完成的夢想的自信感。

　　在人生的起步階段，為了生活，為了成就，我們往往必須學會怎樣向世界「秀」自己，營造出一個「公眾形象」，我們的社交生活與事業能否成功，似乎就全靠這公眾形象了。然而時間一久，到最後，連我們自己都記不得這「公眾形象」中，哪個部分才是真正的「我」，而哪些部分是我們拚了命去營造出來的。

　　這情況不是特例，也不是新鮮事兒，可說是人類的共同

處境，只不過我們身處的時代與社會文化特別強化了這一點，這種文化的問題在於：到了最後，我們往往過度吹捧自我的重要性，結果迷失在膨脹的自我和高漲的驕傲之中。

這麼說，並不是要你貶低自己、打壓自己，重點不在於否定自己，而是貼近真實一點，看看自己到底是誰，試著對自己的現況產生一種尊重、欣賞與喜悅之情，然後以同樣的尊重和欣賞對待別人。

我們不妨用幽默的眼光看待「膨脹的自我」。「膨脹的自我」就像巨大的人形氣球一樣。有一次我在梅西百貨的感恩節大遊行裡面，看到做成辛普森家庭裡面的「霸子」（Bart）形狀的氣球，足足有五層樓高！這不就跟我們膨脹得不像話的自我一樣嗎？真正的霸子（如果真有其人的話）只是個小男孩啊。

事實上，我們也常用同樣誇大的方式看待別人──膨脹、誇大他們的特質，只不過通常誇大的是他們負面的特質。也就是說，對於自己和自己「高人一等」的特質，我們倍加珍視，卻只享受、欣賞別人「略遜一籌」的特質，為之竊喜。這是個一面倒的不平衡心態，目的只為了討好自己的負面情緒。負面情緒是其中的大贏家。

為了讓我們的人際關係得以平衡，讓身邊每個人得以鬆一口氣，依照佛陀的說法，我們應該以謙遜低下之姿自處，

比我們所認為的自己，還要低。讓我們的腳實實在在踩回到地面上吧！西藏有句諺語：「爬得越高，摔得越重。」我想英語應該也有類似的說法。

爬到世界的頂峰，當然非常開心，不過那裡的空氣十分稀薄，腳下能站的石頭沒有幾塊。一直以來，世界各地的名流和政客，不斷讓我們看到，越是有名，權勢越大，地位越是坐不安穩。當你一路往上爬時，掌聲和歡呼不斷，等你爬到好萊塢、華爾街或華盛頓特區的頂峰時，粉絲和支持者可能已經改變看法，開始對你報以噓聲、批判，想把你扯下台。如果你原本就站在低地上，自然不用擔心跌落的危險。你知道的，高處的風，總是颳得特別猛烈。

謙虛的練習

有一種逆轉我們過去習慣的心態調整方法，叫做「修心」，那是一種把膨脹的自我和自滿降低下來的訓練。但真正的謙卑不是要否定自己的美好之處，對出現在生活中的每個人卑躬屈膝，謙虛不代表要變成微不足道。

從某方面來說，「修心」可以算是一種巧妙的手法，有點像是個新兵訓練營，在那裡，老經驗的班長會熟練的瓦解你所有的驕傲和自滿。順帶一提，寺院裡訓練新的僧人，也

是採用類似的方法。

就在我們謙遜下來，捨棄膨脹的傲慢和自大的假象時，我們也要試著以新的眼光看待別人，試著去看他們的優點，看出他們的美好特質，將別人看成比我們還好的人。這樣還不夠，我們要更進一步，多付出一點努力，真心的去關懷別人，我們把過去幾乎只用在自己（或許也包括對自己的孩子）身上的那份珍視和關愛，試著放在另一個人類身上。

這說法乍聽之下或許難以接受，但佛法告訴我們，如果能謙沖自持，讓自己總是謙虛柔和，你身上所有美好的特質都會自動增長，開花結果。反過來說也是一樣，如果你強化的是自私與傲慢，那麼美好的特質就很難留在你身上。

這樣的訓練對我們是很有用的，因為我們常常忽略了別人的優點，看不見別人美好的那一面──每天坐在你隔壁的那位同事，可能每個週末都把時間花在孤兒院，陪小孩子讀書，或是打掃社區，或是剛寫完一本未來將被改編成奧斯卡得獎影片的小說。我們每天都看到他，卻從來沒想過，他除了坐在那把椅子上的身影還有別的特質，因為我們滿腦子都縈繞著其他念頭：那傢伙憑什麼擁有那麼大的辦公室？

有些人天生就會把自己「藏起來」，刻意的不引人注意，從來不展現自己的優點，在佛教傳統中有很多這樣的故事，許多證悟的瑜伽士被不知情的人們當作沒用的乞丐或傻

瓜對待，直到某些事件發生讓真相大白，他們非凡的智慧與慈悲才展現在人們眼前，可以想見，那些當初輕賤他們的人們有多驚訝、多尷尬。

作為初學者，「謙卑」是不會自動出現在我們身上的。我們太習慣於認為自己是對的。我們知道電視該看哪一台，健康的飲食該怎麼吃；我們知道經濟的問題出在哪裡，該把選票投給哪一位總統候選人；我們感覺自己總是比兄弟姊妹、親戚朋友，或是吃喜酒時坐在身邊的那個傢伙，多懂一些……我們總是覺得自己高人一等，俯視著那些與我們意見相左的人。這種感覺是如此的正常，以至於我們根本沒發現自己有這種態度。

每個人都感覺自己好像是這個世界的執行長一般，忘了自己當初辛苦求職，或從收發室小弟做起的過去。或者，就像是主演一齣以自己為主角的電視實境秀，不管情節怎麼進行，畫面正中央總是自己，就算其他人都出鏡了，鏡頭還是緊跟著自己。

但從現在開始，我們要和別人互換位置，我們要開始重視那些以前和我們擦肩而過，而我們從未注意或不屑一顧的人們，我們要提升他們的地位，把自己那最舒服的、靠窗邊的座位讓給他們，不管他們是我們的夥伴，還是對手。

這是一種我們必須花時間去習慣的練習，而所謂的「習

慣」，就是「一次又一次地重複去做」的意思。同時，這也是一件需要拿出真心的事情，如果你能真心的這麼做，就算是一剎那，也非常足夠。

不用擔心你沒辦法整個星期、整個月都抱持著「珍愛別人」的想法，畢竟要同一個念頭在心裡保持不變，是不可能的事，別的念頭肯定會冒出來。上歷史課的時候，想起數學題；在雨天的辦公室裡，想起碧海與藍天，這些都是常有的事情。不必擔心，只須一再嘗試，因為就算只是真心關懷別人一個片刻，那都是非常可貴的片刻，讓我們繼續蒐集這些珍貴的片刻吧！

你會發現，當你練習讓自己謙卑柔和下來的過程中，會引起「情緒」的抗議，所以，小心點，那些貪著、瞋恨、傲慢、嫉妒，還有一定少不了的愚癡，會跳出來表達它們的不滿，一有機會就會把你淘汰出局。而你的對策則是一發現這些情緒躡手躡腳走來時，就將之迎頭痛擊，在它們出手之前先發制人。

留意情緒的小火花

有時候，我們會錯過情緒的火花現身的第一個剎那，或許是因為缺乏覺性，或單純只是偷懶，不想總是那麼費勁。

畢竟，只是個火花罷了，一個小小的「不爽」火花，會造成什麼禍害呢？然而，就在你喝咖啡的時候，它已經燃成一個小火苗，再過不久，當你回過神來，開始覺得苗頭不對時，眼前已成一片火海，災區所有民眾都已經開始打包撤離。

負面情緒一旦爆發，成了大火燎原，常用的對策就都失靈了，不管是滅火器或灑水器都派不上用場，就連滅火直昇機可能都無功而返。雖然，最終那個由小小的「不爽」迅速變身成燎原烈焰的情緒，終究會自己熄滅，它會燃燒殆盡，越縮越小，然後天真的睡去；但誰知道下次什麼時候它又會醒來，養足力氣，準備重新爆發？

對於生活中根深柢固的負面情緒習性，不管用麼樣的對治方法，不管是心靈之道或世俗解藥，都沒那麼容易起效用，不管是覺察力的練習，或是傳統的對治法，在根除這種深植於心的迷惑時，都要花上更大的力氣才能成功，所以佛教的教導告訴我們，不管看到什麼負面情緒習性的出現，都不要忽視它。一個小小的火花，不管看起來多迷人，多無害，一出現，就用覺察力與慈悲心將它擺平。

一旦使用了方法對治負面情緒以後，就放下，剛剛那個片刻已經過了，不要念念不忘。請記住這一點，這相當重要，因為有時情緒已經走了，我們還捨不得那對治它的方法，徒勞無益的一再使用它，因此，一旦情緒消逝無蹤，就

沒有必要追問：「它去哪裡了？」只要放下、放鬆。

　　說了這麼多關於「自我膨脹」和「傲慢」的壞處，並建議讀者採取謙卑的「低姿態」，但這對於正為自卑或自信心低落的問題而煩惱的人們，可能是個難題。當你正在為重建自信心而努力時，這些「修心」的練習感覺有點像開倒車。感謝許多資深及入門修行者，以親身經驗告訴我這方面的問題，這又是文化差異的一個範例，佛法在不同文化間流傳時，不免會有心理現象與風俗習慣之間的落差，需要我們正視與尊重。

　　那麼，讓我們釐清一點。這些「謙虛的練習」，是為了讓我們重回到自己真實的面貌，而不是要看低自己、踐踏自己，在「修心」的道路上，從來沒有要我們蔑視自己、作賤自己的意思，我們要的是看清楚這個「自我」的形象，這個被以某種名稱稱呼、以某些特質為人所知的自我形象，是如何被我們創造出來的，而它又是怎樣被誇大、膨脹，離它真實的樣貌越來越遠。

　　修心就是要幫助我們看清這一點，帶我們回到真實面，看看我是誰、是什麼、身處何方。

　　另一方面，「謙虛」的意思，在這裡單純就只是真心誠意的尊重另一位人類，它的意思是：我們可以把對待自己的那份欣賞與愛重，一模一樣的拿來對待別人，以這樣的方式

活在這世界上。

　　無論如何，請尊重你自己的感受，選擇對自己有效的方式。可以選擇的方法很多，沒有必要堅持某個對你沒有幫助的方法。不管做什麼事，不要太逼迫自己，不要對自己太強硬，如果某個方法最後反而變成挑起情緒的導火線，最好放下它，以後當你對這方法有更多了解之後，永遠有機會再回來練習。

　　或許，你可以只選用一個辦法，那就是「珍愛別人」，享受這個方法帶給你的體驗，專注在這個方法上，它自然會帶給你很多好處，而那好處和「放低姿態」的謙虛練習所得到的是一樣的。無論使用哪一種方法，你的整個世界都會因此提升。

自他平等

　　這是一個有助於降低「傲慢」，幫助我們了解「自他平等」的練習。在這個團體練習中，你也可以一人練習，獨自進行時，在以下介紹中提到「看著你左邊或右邊的人」的部分，你只要在心裡想著某個你認識的人，以他為主題即可。

開始之前，請先這麼做⋯⋯

以輕鬆、舒適而挺直的坐姿坐好，把注意力輕輕放在呼吸的出入上，讓身心慢慢安頓下來，念頭生起的時候，只要放下它，隨它去，然後回到當下。（約五分鐘）

練習方法

安頓好身心，回到當下後，刻意在心裡想著坐在你右邊的那個人。

想想看，這個人雖然和你有很多不同之處，也有許多你不熟知的地方，但你們的很多生命體驗，是一模一樣的：每個人早上醒來，都希望今天過得快樂，希望幸運降臨在自己和家人身上；然而每個人也都一樣會經歷失去所愛、痛苦和失望的遭遇。我們全都一樣，在希望和恐懼的壓力下過活。

想想看，在你右邊的這個人，過去可能遭遇過的痛苦？失去過什麼？遭受過什麼打擊？未來又可能會遭遇什麼？

現在，想想看，如果這個人能夠真正的快樂起來，那該有多好！如果他能解除所有痛苦和恐懼，這該會是多棒的一件事！

接著，在心裡祝福他，想出一段話，為他許下願望。例如：但願此刻，他現在就能脫離所有痛苦！但願他的人生之中再也沒有苦難、麻煩、痛苦，希望他永遠快樂！

花幾分鐘想一想，如果這個願望實現的話，會是多棒的一件事，你會為此開心不已！然後想著：此刻，我覺得他的快樂比我的快樂還重要！他越快樂，我就會越快樂！

現在把注意力轉移到左邊那個人身上，以同樣的方式思維他的痛苦，並希望他快樂。之後，你也可以選擇前方或後方等等其他人繼續進行這個練習。

接著，在心裡想著一位或多位正在受苦的人，世界上任何人都可以，然後想想看，如果他們現在可以脫離所有悲傷和痛苦，該有多好。接著許下一個願望，祝福他們，希望他們所有痛苦都能消除，就在此刻，痛苦消失得一乾二淨，取而代之的是祥和與喜樂！

不管是認識或不認識的任何人，都可以成為你在心中關懷、祝福的對象，你可以想起那些忍受著各式各樣痛苦的人──承受著身體或心理疾病、慢性病，為貧窮、暴力或任何不愉快處境所苦的人們，也可以想想那些正在與死神搏鬥的人，或過往已逝去之人。剛開始，也許你想到的都是認識的親友，慢慢的，你可以把焦點轉移到電視上或新聞裡的陌生人。

這就是練習「自他平等」的方法。

結束的時候……

結束的時候，簡單的靜坐禪修幾分鐘。你也可以在心中簡短的感謝一下團體中的每個人，謝謝他們在這段練習中所傳送出的祝福。

每一天，你都可以在心裡自己做祈願，讓自己珍愛他人的心更廣大一些。

17

和難相處的人相處

> 如果你不喜歡某件事，就改變它，
> 如果改變不了它，就改變你的看法。
> ——馬雅・安潔羅（美國女詩人）
> If you don't like something, change it.
> If you can't change it, change your attitude.
> —— Maya Angelou

想知道自己進步了多少嗎？沒有什麼比「跟一個難相處的人打交道」，更能測試自己處理負面情緒的功力了。

我們可有辦法擴展自己的慈愛之心，讓它超越平常的極限？可有辦法衝破自己的恐懼枷鎖？當諸事順遂時，這些問題可能無解，我們完全無視於這些問題，充滿自信覺得能夠一路向前衝。直到有朝一日，我們無可閃避的必須與難纏之人面對面，這些問題的答案才豁然明白。但願在那危急時刻到來之時，我們用得上這套練習已久的情緒解脫術，能夠打開自己的心，建立友誼，伸出援手，看看會如何。

如果能夠只需要對那些討人喜歡、親切、高尚、和藹又好相處的人伸出援手，那該有多好！很可惜，這樣的人通常

已經有一群人排隊等著幫助他們，我們沒必要跟著湊熱鬧。真正需要我們幫助的，是那些沒有人可以讓他們打電話求救的人——那些沒有人喜歡接近、令人難以忍受、老是惹麻煩的人。

對於這樣的人，你可以做什麼呢？至少，你可以對他們生起慈悲心，而不是嫌惡之心。然而，如果你願意更進一步，多做一點，如果你真的想要幫助別人，想對別人伸出友誼之手的話，這些人就是最需要友誼與援手的人。

如果我們慈悲的利他行為，只限於那些好相處、可愛又風趣的人，那麼不管我們做了什麼，可能都不是出自於真正的慈悲。我們的所作所為中，不免都有著「為自己謀福利」的成分。想想看，在我們立志幫助別人的決心裡頭，有幾分動機是為了讓自己得到一段快樂時光？

真正觸動慈悲心的時刻，是與那些難以相處的人交往的時候，他們心中有這麼多的攻擊性、這麼多負面心態、情緒，使得他們完全拿自己沒辦法，只能不斷惹出麻煩，把所有人嚇跑，讓別人不敢接近他們。他們因此而深深受苦著。如果你能夠接近這樣的人，並伸出援手，或許，這就是真正的慈悲心了。這就是佛陀所教導的無畏而神聖的慈悲心。

這是一件相當不容易的事，但你不妨一試，看看會有什麼結果。好消息是，佛陀並沒有說我們必須永遠待在那個人

　　身邊。重點是要拓展我們的慈悲心，去愛每個人，包括難以相處的人，並沒有規定要和難相處的人一直長相左右。

　　大部分的人，一開始是很難只靠著覺察力就立刻轉化負面情緒的。內心怒火中燒，念頭波濤洶湧之際，就算告訴自己：「我相信正面心態的力量！現在就來征服這情緒吧！」其效果也非常令人懷疑。所以，此處有另一個方法，那就是「從改變行為做起」。

　　所謂行為，包括動作和語言，它們表現出我們的情緒和想法，所以動作和語言兩者都是我們下功夫的對象。在「行為」上下功夫，是個比較容易實行的方法，因為效果直接，明確具體，自己的行為，自己很清楚，不用懷疑「我剛剛是不是推了他一把？」或「我剛剛是不是給了他一個熊抱？」你心知肚明。

　　帶著覺性觀照行為，是我們能否與難相處之人為友，並伸出援手的關鍵，包括那些「只跟我們處不來」的人在內。只跟自己處不來，這是很可能發生的事，有時候，某位朋友的朋友就是無法成為我們的朋友，每次見到他，我們就直覺地繃緊神經、心懷警戒，而不是友好地敞開心胸。

　　不管我們有哪些習性，在情勢緊繃時，這些習性必定會一湧而出。帶著覺性留意自己的動作和語言，也就是肢體語言和嘴裡說出的遣詞用字，能夠幫助我們掌握情緒和念頭的

軌跡，而情緒和念頭，正相當於內心的動作與囈語。

由外往內的改變

例如，如果你有「遭受一點批評就立刻生氣回應」的強烈習性，只需要一點點覺察力，應該就能在自己表現出明顯動作時即時發現。當這樣的情況發生時，首先，把注意力帶回到自己身上，而不是放在批評你的人身上，看著自己的動作，自己的舉止，而不是別人做了什麼、說了什麼。這時候你甚至不必去管「情緒」的問題，只要清楚自己當下的舉動如何。

每當你發現自己就快要和別人槓上了，或是談話之間快要擦槍走火之際，請暫且打住，呼吸一下，看看自己的舉動，看看這時候身上各部位的所作所為──你正接近對方或遠離他？你的手有何動作？眼睛在看哪裡？身體的動作和姿態是非常強而有力的溝通工具，會清楚傳達出我們的感覺和意圖，所以，請留意，請告訴自己停止任何代表敵意或威脅的行為，放下指著對方的手指，鬆開緊握的拳頭。讓你的眼神放鬆一點，坐直或站直一點，這些都是只要你留意就可以做到的事。你甚至還可以加上一個微笑。

同樣的，看看自己的言語，你用的是尖銳傷人的話語

嗎？音量大小如何？說話是快是慢？留意一下，你傳達出哪些話語本身以外的訊息？例如唉聲嘆氣，或是緊張的笑聲？請阻止自己講出會刺激到對方或自己的言語，刻意的壓低一點聲音，盡量不要講一些火上加油的事情，這些都是當你覺察到你的外在行為時，你可以做的事。

這樣的作法，是一種「由外而內」的改變。每一件正面的外在改變，都會幫助你平復內在的波瀾。

有件事記在心裡或許對你有益：當你憤恨或嫉妒不已，手在發抖，身體扭曲，講話小聲到聽不清楚，或是尖銳到刺耳，這時候，不只是你對自己的狀態心知肚明，其他人也都看得很清楚。

出發前的準備功夫

在你決定去和一個「難搞」的人打交道前，最好先做一點準備功夫，那就是用心去感受一下他受到自己負面心態多大的折磨，去想像他有多痛苦。當你在心中感受到一種同理心、憐憫心，以及一種敞開胸懷的感受時，那麼，就是可以走上前去的時候了。你可以靠近他一點，花一些時間和他相處，然後看看情況如何，看看正面的互動有沒有可能出現。

如果兩人相處的情況一度好轉，卻又急轉直下，那最好

暫時離開、退下。如果你發現自己失去了耐心或同理心，而且知道自己的努力並沒有幫助，那就暫時後退一步吧，與其陷入衝突之中，不如暫時撤退，以免反而造成更多傷害。你永遠有機會捲土重來、再試一次的。

事實上，這樣的嘗試不像我們想像的那麼困難，那麼痛苦，就像去看牙醫一樣。坐在牙科診所的椅子上，被燈光照著眼睛，被尖尖的東西在嘴裡每個角落戳來戳去，的確不是很愉快，但等著看牙的那段時間，才真的是難熬。至少對我而言是如此。看牙前的那一個星期，比真正坐在那裡看牙痛苦多了，每天一想到就難過。我好幾次都想打電話取消預約，但如果我能夠忍耐到真正走進牙科診所，情況其實沒那麼糟，而且牙醫師通常人都滿好的。

另外值得一提的是，通常我們說「難搞的人」或「難相處的人」，指的都是別人，但其實有可能正是自己，至少，我們每個人偶而都曾當過那個「難搞的人」。所以前面的「如何與難相處的人相處」的所有建議，全都適用在我們自己身上。

我們全都有「難搞」的時刻，總是會有某人在某些時刻，覺得我們「難相處」，甚至更糟。我們不曉得有多少人對我們有過多少次這種感覺，單就這一點來說，無知還真是一種福氣。

悲慘的人

另外一種我們不想接近的人，是那些有著極度悲慘經歷的人。接近這樣的人有什麼困難呢？原因很多，其中一個原因是他們承受的痛苦太巨大了，我們難以正視。不幸的是，這些人通常都是無辜的，沒有做錯什麼事，卻因為虐待、剝削、暴力、戰爭、貧窮、自然災害……而身心受創，這樣的例子，世界各地比比皆是。

如果有機會幫助一個受到這麼大痛苦的人，那真是太棒的一件事了！如果你有能力幫助更多，那更是無比美好的事。但就算我們無法直接幫上忙，也可以間接的支援那些在第一線工作，提供食物、醫療，與心靈慰藉的人們。

無國界醫生與類似的團體，他們走向有著巨大痛苦、巨大需求，卻只有極少資源的地區，去向當地伸出援手，他們真的是當代的聖人、現代的菩薩。就算我們無法親身前往這些地方，也有其他伸出援手的方法，包括金錢上的援助，或運用社群媒體的力量，讓他們急需資助的工作得到更多人的關注，鼓勵更多人一起伸出援手。

不管是直接或間接，我們都有很多方法幫得上忙，只要找出對自己的生命有意義的方式，抓住機會，就去做吧！一旦做了慈悲的善舉之後，不要回頭評斷自己做得如何，做過

就拋在腦後，繼續幫助別人就是了。

窮兇極惡之徒

對付自己的情緒已經夠難的了，遇到難相處的人更是一種挑戰，但還有一種人，他們的所作所為已經到了我們無法想像的地步，對於這樣的人，我們又該如何面對呢？我們該如何看待那些刻意造成別人慘痛傷害的人，例如殺人兇手、虐童犯、恐怖分子？

我們都希望他們受到懲罰，希望他們也嚐到自己在別人身上造成的痛苦，讓他們知道自己到底做了什麼，我們希望這個社會從此得到安全，我們希望正義得到伸張。

那麼，前面所說的那麼多關於「慈悲」的建議，是不是在此就不適用了呢？慈悲是不是該有例外？難道我們應該用對待自己所愛、所關懷的那些「好人」的同樣方式，對待那些犯下殘忍罪行的人嗎？怎麼可能？有這個必要嗎？

我們可以用兩種不同角度看這件事。以一般世間相對的角度來看，我們可以說，這樣的人是最無知、最愚癡的一群人了，因為某種原因，他們本性中的覺性被蒙蔽了，他們的心變成黑暗一片，完全被無明所籠罩，像是瞎了一般，更可悲的是，他們和內心本有的智慧與慈悲完全斷了線。

　　這樣的人通常不了解自己對世界造成了多大的痛苦和傷害。他們或許懂得法律上對錯的分野，但在人性和心靈上，他們可說是既聾又啞，對自己預謀且造成的痛苦茫然無知。

　　你能想像自己是其中之一嗎？這樣的人不只是個罪人，還遭到全世界的唾棄謾罵，自己變成這樣的人，是一件根本無法想像的事。因此，對於這樣的人，為他們感受到一絲憐憫，是有可能的。我們甚至有可能更進一步，為他們悲慘的處境，生起一種他們自己無法體會的感覺，那就是沒有偏私的慈悲心。

　　這種慈悲心，可不是我們的直覺反應，不是一件自然而然就做得到的事。我們沒辦法就這樣在心中說：「是的，我愛你，我原諒你。」要對那樣的黑暗之心生起慈悲心，是一件非常困難，甚至令人害怕的事情。但是這樣的人也需要愛，假如那不是一種奢望，他們也需要從世界某處得到愛。如果你做得到的話，請為他們祈禱。

　　從究竟的觀點來看，所有眾生的心的本質，根本上都是清淨與覺醒的，就連最惡劣、最迷惑的人，都有若干正面素質，都可以看到他們偶而閃現一絲覺醒的、良善的光芒，或許因為黑暗蔓延太廣，使我們看不見那光芒，但平心而論，我們不應抹煞那種可能性。我們應該承認，是的，或許那樣的可能性是存在的。

　　有時我們會聽見人們高聲疾呼要「伸張正義」，問題是這些懲罰真的能伸張正義嗎？我們心中真正想要的，是讓時光倒退，讓罪行從未發生，死者死而復生，但這都是不可能的事，我們無法讓已經發生的痛苦消失。但或許我們可以超越對於「懲罰」的傳統概念，而不只是把人打進大牢裡，讓他們做一些無意義的事。

　　我想我們多少都相信正義是「善的力量」，但同時也執著於「懲罰」的概念，如果我們能在尊重與理解各方面需要的前提下，以略為不同的方式結合這兩者，或許可以建立一個更平衡的系統。

　　或許把這些人放進一個能夠啟發愛與悲憫的環境，並且教他們練習的方法，對他們來說，才真的是一種懲罰吧？因為如果讓他們有選擇的話，他們應該寧可選擇衝突不斷的負面環境吧！衝突、戰鬥與迷惑，才是他們喜歡的事。

　　所以真正的「矯正方法」，應該是讓他們在一個健康的環境下受教育，從事正面的活動，花時間轉變他們的行為。如果能夠喚醒一顆冷酷無情、麻木不仁的心，讓它發現自己造成了多大的痛苦與傷害，因而深深後悔，也許這才是真正的「正義」吧？那是善的回歸，是重新出現的希望。

關於安忍

所謂的「安忍」（patience 忍耐、耐性），方法很多，而對它的誤解，同樣很多，在大家心目中，忍耐是個美德，但也是相當無趣的一件善行。

就如同我們先前談過的，佛法中的「安忍」練習，並不是一種消極的、咬牙苦撐的態度。處理情緒的課題時，「安忍」的真義是：不管是什麼感覺，與它共處一會兒，而不加以反應，每當情緒掉頭回來，讓你有股衝動要立即反應時，就一再一再的練習這樣做。面對難以相處的人，或者說是，面對那些提供你額外磨練機會的人，「安忍」這門學問可以教會你許多事情，練習安忍無形中會讓這整件事的體驗大大不同。

在這種狀況下，我們要學的第一種「安忍」的方法，是「淡化處理」，當對方的惡意或傷人的態度衝著我們而來的時候，把它看淡一點。例如，有一天老闆要你去和同事張先生一起工作，以期能夠在期限內完成一個專案。你知道，這是件沒人願意做的差事，其他所有同事突然都很忙。張先生是個聰明、口才好、有才華的人，同時也是個徹頭徹尾的控制狂，對於意見相左的人，他多疑又善妒。

於是你決定，要帶著正面的態度與他共事，同時會遵從

張先生的帶領，他怎麼說你就怎麼做，絕不給他誤會你的機會。然而──哈哈，天不從人願，你的理性跟不上他的感性，局面完全不是這麼一回事。此時即是使出「淡化處理」這一招的安忍時刻了，安忍不只能幫助你脫身，也能阻止以往幾乎不可避免的傷害與痛苦成形。你可以幫自己和張先生一個大忙。

當張先生不出所料的開始批評、貶低你的工作時，最有智慧的回應是安忍，按兵不動，留出一個空間來。不管張先生的指責是有憑有據，或完全是編織罪名，你都知道他的用意就是要傷害你，貶低你的專業能力，所以此時要安忍並非易事；但不管你覺得自己多無辜，你都不讓自己馬上回應，你不反擊，不用相同的指責方式試圖反駁他，你甚至不否認或糾正他的指控。

重點是，當你發現一句責罵的話語，從敵人、朋友或是街上的陌生人口中發出，朝你直飛而來，賞了你一巴掌時，第一件該做的事，就是安忍，靜止不動片刻，只是一個片刻，就有可能改變整件事的結果，它保留住一個空間，讓不同的情況得以發生。

我們從日常生活中可以發現，當我們被批評、指責的時候，通常反應的方式都不太恰當，特別是覺得對方的說法不公平的時候。我們甚至不讓別人把要抱怨的「清單」唸完，

就開始展開防衛。

　　我在西雅圖遇過一件趣事，當時我開車停在紅綠燈口，因為天氣有點冷，所以車窗是關著的，但我注意到隔壁車道的車上有對男女，情緒似乎相當亢奮，我聽不到聲音，但他們看起來的模樣，似乎是很享受的跟著音樂放聲高歌。接著燈號變換，他們還是唱得很起勁，我搖下車窗，沒聽到音樂，卻只聽到他們倆對著對方嘶吼，兩人同時大吼大叫著。我覺得很驚訝，心想：這麼做是為了什麼？兩人都在吼叫，但沒人聽啊。他們車上只有他們倆，而兩人對於對方說了些什麼似乎都沒有興趣。最後綠燈亮了，我們就此分道揚鑣。

　　當我們說話互比嗓門大，試圖壓倒對方、蓋過對方、即時回嘴，甚至講話像機關槍，那就等於我們說的話沒人聽了。在這之中沒有空間，沒有間隙。然而對話不就是為了溝通嗎？我們訴說並聆聽對方，釐清自己的意思，說出自己的感覺，讓彼此了解對方。我們說話不是為了製造更多混亂，或喜歡受傷害的感覺吧？我們心裡希望的是有個好的結果，但事實上，許多談話的結果，反而讓情況更糟。

　　所以，這個故事告訴我們，我們不需要馬上回應，特別是在重要場合或是敏感的處境中。我想，你的律師應該也會給你同樣的建議。不要馬上回應，不要急，深呼吸一下，然後放鬆。

降低自己的防衛性

遭受別人的批評，被指責我們的錯誤時，不管是完全無辜或罪有應得，我們都會反駁對方，為自己辯護：「對，沒錯！但是……」或「不，是你不了解……」甚至就算我們發現真的是自己的錯，還是會繼續替自己辯護下去。

練習「安忍」的同時，我們也必須降低自己的防衛性。加強一個對我們大有幫助的美好特質的同時，也要減少另一個沒幫助的特質。如果我們總是處處防衛自己，就總會覺得難以與對方相契相合，一旦遇到彼此差異之處，就難以和諧共處。

這種處處防衛的心，是一種迷惑的狀態，因為它遮蔽了我們的「淨觀」（pure vision，以純淨的眼光看待世界的觀點），當防衛機制啟動的時候，我們的心變得比較不清明，比較不準確，我們比較看不到對方的優點和美好之處。同時，我們想要利益別人的動機被中斷了，而這並不是我們所要的結果。

總而言之，我們持續培養自己的覺察力，為別人著想，包括「難相處的人」，我們的所作所為都帶著慈悲心，然後試著「安忍」，就算滿天粗言惡語的箭雨朝我們飛來。逐漸的，我們的防衛心鬆開了，最後終於消融於無形。而我們自

己也鬆開了，輕鬆了起來，輕快了起來。

　　剛開始練習的那段時間，最好都從小事情著手，不要一下子用在棘手的大事上，比如簽訂離婚協議書，或者和國稅局對簿公堂的時候──那些暫且還是交給律師吧。所謂的小事情，是像你那位可愛但「機車」的室友，堅持你昨晚放在廚房的那本《隱形人》小說是她的。「我記得這本書是我借給你的。」她說。你知道她的確也有一本《隱形人》，但她借給別人了，而這本書你才讀到一半……沒關係，就讓她拿去吧。你決定不多說什麼。

　　或者像是走在街上，被前面走來的人猛撞了一下，而他卻回頭對你大罵：「有沒有長眼睛啊，你這個……（以下省略十句咒罵語）！」沒關係，這個人只是今天過得比較不順利而已。

　　這就是「修心」的練習，從練習中學習，然後把學到的智慧，作為更進一步練習的踏板，只要持續的堅持下去，你會發現，你與所有人的交往，都輕鬆自在多了。

多一點耐心，少一點防衛心

訴說與傾聽的雙人練習

這個練習的目的在於增進面對情緒激烈場面的忍耐力，同時還能懷著覺察力和同理心。和前面的「訴說與傾聽」的練習一樣，這練習需要兩人合作，並輪流擔任兩個角色。開始之前，兩人若能先確認自己的出發點是為了幫助對方，是比較好的。練習過程若有任何一方感覺不適，可隨時暫停或中止。

首先，請彼此相對而坐，先靜坐一會兒（兩分鐘）。接著一人當訴說者，另一人當傾聽者，進行兩分鐘的練習，然後，彼此分享剛才那段訴說與傾聽的感受五分鐘。接著兩人交換角色進行訴說與傾聽兩分鐘，再彼此分享感受五分鐘。

訴說者

訴說者的工作是要用負面的、批判的、責怪的方式，數落傾聽者幾句，目的不是真的要批評或糾正傾聽者的個性或行為，而是為了讓他有機會帶著覺察力體驗一下被批評是什麼感覺，尤其是在身受不白之冤的時候。批評對方的時候可以直接一點（但不要叫罵，也不要太過分），類似這樣的說法是可以的：「在這方面，你真的是很差勁……你每次都這

樣……」這同時也是個讓你帶著覺察力，體驗一下對面前的人說一些不友善的、尖銳的話，是什麼感受。

練習步驟

❖ 用負面的、批判的、責怪的方式，數落傾聽者一分鐘，眼睛要一直看著他。

❖ 留意自己在說話的時候，生起了什麼情緒，說這些話感覺如何？同時看著對方，你可以感覺到你說的話對他造成什麼影響嗎？

❖ 下一分鐘，你雖然還是訴說者的角色，但保持沉默，觀察看看，在這波批評之後，自己身體的感受如何，心裡感覺到什麼情緒。

傾聽者

聽著對方數落你一連串的缺點和過錯的時候，注意著當下身體的感受和覺察著自己生起什麼情緒。同時，留意的看著訴說者，這有助於你把注意力放在當下。

當訴說者在說話時，你看著自己的心，但是不回應，不反擊，不否認或試圖糾正對方的指控。在接下來的沉默中，繼續觀察自己的感受，看看有什麼情緒浮現。

分享與沉澱

❖ 接著，兩人花五分鐘分享自己的感受，鼓勵對方分享、

提問，最後讓對話結束在一個正面的話題上。

❖ 兩人再一起靜坐一、兩分鐘。

❖ 交換角色，重來一次。

改變遊戲規則

你可以改變一下遊戲規則，重新進行一次這個練習。

❖ 這一次，當訴說者數落傾聽者的種種不是之後，傾聽者以誇獎對方的優點作為回應，然後帶著覺察力沉默一會兒。

❖ 另外一種方式：這一次，訴說者說的全是正面的建議，針對對方的優點說一些有建設性的評語。

❖ 如果你找不到人和你一起練習，可以對著鏡子自己練習，這時候，你同時是訴說者和傾聽者，在你說話和聆聽的同時，觀察著自己所有情緒的變化。至於最後分享的部分，則以書寫來代替，給自己五分鐘時間，把感想寫進你的筆記或日記裡。

18
和平的願景

國際間的和平遙不可及,除非我們先找到內在的真正和平。
——黑麋鹿(北印地安奧格拉拉蘇族人,身兼戰士、巫醫
及先知等角色)
There can never be peace between nations until there is first
known that true peace which is within the souls of men.
—— Black Elk

現今世界上的西方佛教徒,似乎大部分是自由派人士,
無論是在政治立場或是社交領域中,當然,世界上同時仍有
許多地方的佛教徒,是抱持比較傳統、保守的立場,然而大
部分還是屬於比較「思想前進」的一群,這或許可以歸功於
佛陀。

兩千多年前,佛陀打破了許多文化價值觀,在生活中實
踐「平權」的作法,這在當時是聞所未聞的事情。佛陀教導
的非暴力、平等、寬容的精神,被歷代佛法老師們傳承下
來,一直延續到今天。

正如同許多現代人一樣,佛教徒也懷抱著世界和平的願
景,盼望著一個沒有戰爭,沒有侵略的世界。但當我們在街

上揮舞著反核旗幟，或高舉各種抗議標語，或是在講台上、部落格上、臉書上表達立場，我們自己本身其實尚未放下武器，我們還沒擺脫心中的暴力。

有多少次，我們的所作所為與自己許下的願望背道而馳？我們在自己生活圈裡的小世界發動戰爭，對付他人；當他人對我們發脾氣，我們不都是以憤恨難忍、重重防衛的態度回應？當另一半指責我們什麼，我們馬上就把另一件事怪罪到他頭上。就這樣，這些戲碼重複上演，彷彿這些都不算是一種戰爭，不算是一種侵略性，不算是破壞和平似的。

我們所追求的和平、和諧和非暴力原則，或許就在我們對待別人的方式中化為烏有，如此一來，我們的神聖心願和真正的行為之間，就隔了一道鴻溝，我們可能懷抱著高遠的理想，但所作所為卻與之相去甚遠。

同樣的情況也發生在政治圈裡 [13]，自由派人士固然譴責保守派人士，保守派人士也指控自由派觀點錯誤，兩邊不斷你來我往，彼此反唇相譏。說自己有高道德標準是很容易的，但行為往往才代表我們心裡真正想的是什麼；當敵意、粗口、怪罪別人的詞彙廣受歡迎，而這些詞彙背後的動機明

13　此處的政治圈，是指美國政治環境。自由派與保守派是當代美國政治主要思想流派，民主黨屬自由派，又稱左派；共和黨屬保守派，又稱右派。兩派不同的立場、意識形態，在美國人日常生活中是很普遍又很重要的事。

顯是不懷善意的、是為了傷人的，這時是沒有什麼道德的立足點可言的。在這之中，沒有任何可激勵人心、可幫助、保護任何人的願景可言。

所以，讓我們好好想想，對我們來說「和平」真正的意思是什麼？我們可以把自己對於完美外交政策的理想，先落實在與家人的關係之中嗎？我們可以把自己心目中最理想的「世界和平」願景，先實現在自己的生活圈嗎？

我們大部分的人都不是世界領袖，那麼，我們怎麼可能改變世界呢？

可以的，我們可以各自練習內在的和平，練習安忍，練習愛與悲憫，這就是我們改變世界的方式──在家練習，從心開始。

附錄
仁波切詩作

城市裡的瑜伽士

摩天大樓的叢林
是我僻靜的蘭若
我看著霓虹燈
如水中月般閃爍

穿梭的車陣
像一條美麗的河流
電視嗡嗡的聲響
如同閉關山洞中嗡嗡的念頭

心仍舊是心
千百年來沒有改變
永遠有所選擇──
選擇錯失大好良機
或是欣賞眼前這一刻之美

我選擇當下、此刻
與所有的體驗同在
不加排拒，也不執以為實
一切只是這浪遊者的念頭所說的故事

竹慶本樂
二〇〇八年十月七日

DOWNTOWN "YOGI"

In the solitude
Of the skyscrapers' jungle
I find neon lights
Shine like watermoons

Traffic flows
Like a beautiful river
And TV's echo
Like the sound of thoughts in a cave

Mind's still the same
As it was centuries ago
Always with a choice
Of fumbling great opportunities
Or appreciating the beauty of this moment

So I choose to be right here-now
Within all experiences
Without solidifying or rejecting
It's just a story told by this drifter's thought

dpr   10/07/2008

國家圖書館出版品預行編目（CIP）資料

好好鬧情緒：三步驟解脫負面情緒，把「好煩人」化為
「好能量」的日常修練／竹慶本樂仁波切（Dzogchen Ponlop
Rinpoche）著；哲也譯. -- 第三版. -- 臺北市：天下雜誌股份
有限公司，2023.06
272面；14.8×21公分. --（心靈成長；82）
譯自：Emotional rescue : how to work with your emotions to
transform hurt and confusion into energy that empowers you
ISBN 978-986-398-897-7（平裝）

1.CST: 情緒管理　2.CST: 生活指導

176.52　　　　　　　　　　　　　　　　　112007327

心靈成長 082

好好鬧情緒

三步驟解脫負面情緒，把「好煩人」化為「好能量」的日常修練

Emotional Rescue:
How to Work with Your Emotions to Transform Hurt and Confusion into Energy That Empowers You

作　　者／竹慶本樂仁波切（Dzogchen Ponlop Rinpoche）
譯　　者／哲也
責任編輯／史玉琪（特約）、何靜芬
封面設計／FE工作室
內頁排版／邱介惠

天下雜誌群創辦人／殷允芃
天下雜誌董事長／吳迎春
出版部總編輯／吳韻儀
出版創意總監／蕭錦綿
出 版 者／天下雜誌股份有限公司
地　　址／台北市 104 南京東路二段 139 號 11 樓
讀者服務／（02）2662-0332　傳真／（02）2662-6048
天下雜誌GROUP網址／ www.cw.com.tw
劃撥帳號／01895001天下雜誌股份有限公司
法律顧問／台英國際商務法律事務所‧羅明通律師
製版印刷／中原造像股份有限公司
總 經 銷／大和圖書有限公司　電話／（02）8990-2588
出版日期／2016年12月01日第一版第一次印行
　　　　　2019年04月15日第二版第一次印行
　　　　　2023年06月28日第三版第一次印行
定　　價／390 元

書 號：BCCG0082P
ISBN：978-986-398-897-7（平裝）

直營門市書香花園　地址／台北市建國北路二段6巷11號　電話／（02）2506-1635
天下網路書店　shop.cwbook.com.tw
天下雜誌我讀網　books.cw.com.tw/
天下讀者俱樂部 Facebook　www.facebook.com/cwbookclub

本書如有缺頁、破損、裝訂錯誤，請寄回本公司調換